EC通販で勝つ BPO活用術

最強のバックヤードが
最高の顧客体験を生み出す

ダイヤモンド社

はじめに

アフターコロナでデジタルトランスフォーメーション（ＤＸ）の加速が決定的になった。筆者が所属しているスクロール３６０では１００社のネット通販事業者の物流を預かっているが、アフターコロナで物流センターの景色が一変した。アパレル・雑貨といった店舗への出荷が激減した一方で、ネット通販の出荷が増加している。前年比１・５倍という企業から最大10倍になっている企業もある。

コロナ以前にＤＸ化を進め、**リアル店舗とネット通販の在庫を共有し、双方の受発注をシステム化している企業は、店舗が閉店自粛している中、売上減をネット通販で取り戻しているが**、しっかりとしたシステム化をしていなかった事業者は悲惨な状態になっている。

また、顧客対応と物流をアウトソーシングしている企業は、社員がテレワークで出社できない状態が続いても売上はしっかり上がっていくが、出社しなければ受注処理ができない企業や社員自身が出荷をしている企業も悲惨な状態になっている。物流はテレワークができないからだ。

アフターコロナで浮き彫りになった問題ケースを列記してみる。

- ネット通販のシステムがWEB上にないシステムのため、受注処理等の業務をアウトソーシングできないし、テレワークに移行できない。コロナが怖くて出社を嫌い、離職者が続出した。
- 自社ビルでネット通販の出荷をしているが、スペースが拡張できない。コロナの影響で受注は倍増したが、出荷が追い付かず、1カ月以上待たせることになり、レビューでは酷評が続出。本業の店舗の評判まで落としてしまった。
- ネット通販のシステムが店舗の基幹システムの基準で作られていて、ネット通販の物流とマッチしていない。やや専門的になるが、売上計上が出荷指示時点となっており、キャンセルや在庫がなく出荷できない場合、売上計上の修正というかなり時間のかかる処理が必要となり、毎日、担当者が残業をしている。ネット通販物流では出荷報告（出荷が確定）時点で計上するのが合理的だ。出荷当日中にもキャンセルや色交換、送り先変更といった依頼が通販にはつきものという理解がないままシステムを設計したため、運用に負担がかかっている。

●店舗出荷とネット通販出荷を同じセンターで行っていたが、店舗出荷を優先しているため、在庫引当は店舗が先になる。そのため、ネット通販のピッキングに行くとすでに商品がなく、品切れ連絡をすると「在庫アリで注文したのに、商品がないとは何事だ！」とクレームが続出した。

●ネット通販の出荷をリアル店舗の棚からピッキングしていた。前日の店舗在庫では商品はあったのだが、当日に店舗客が買ってしまい、ネット通販のピッキングに行ったら在庫がない。

●「在庫引当」という概念がない通販システムを採用してトラブルになった。ひと言で在庫といっても、その状態でステイタスが変わる。図表1の例で説明する。

当初、ジャムの在庫が10点ある。そこにジャムとパン1点ずつの注文が2件入る。しかし、パンが入荷するまで出荷はできないので、2点のジャムは引当済みの在庫となる。その結果、実在庫は10点だが、2点は引当済みのため引当可能在庫は8点となる。

図表1　「在庫引当」の例

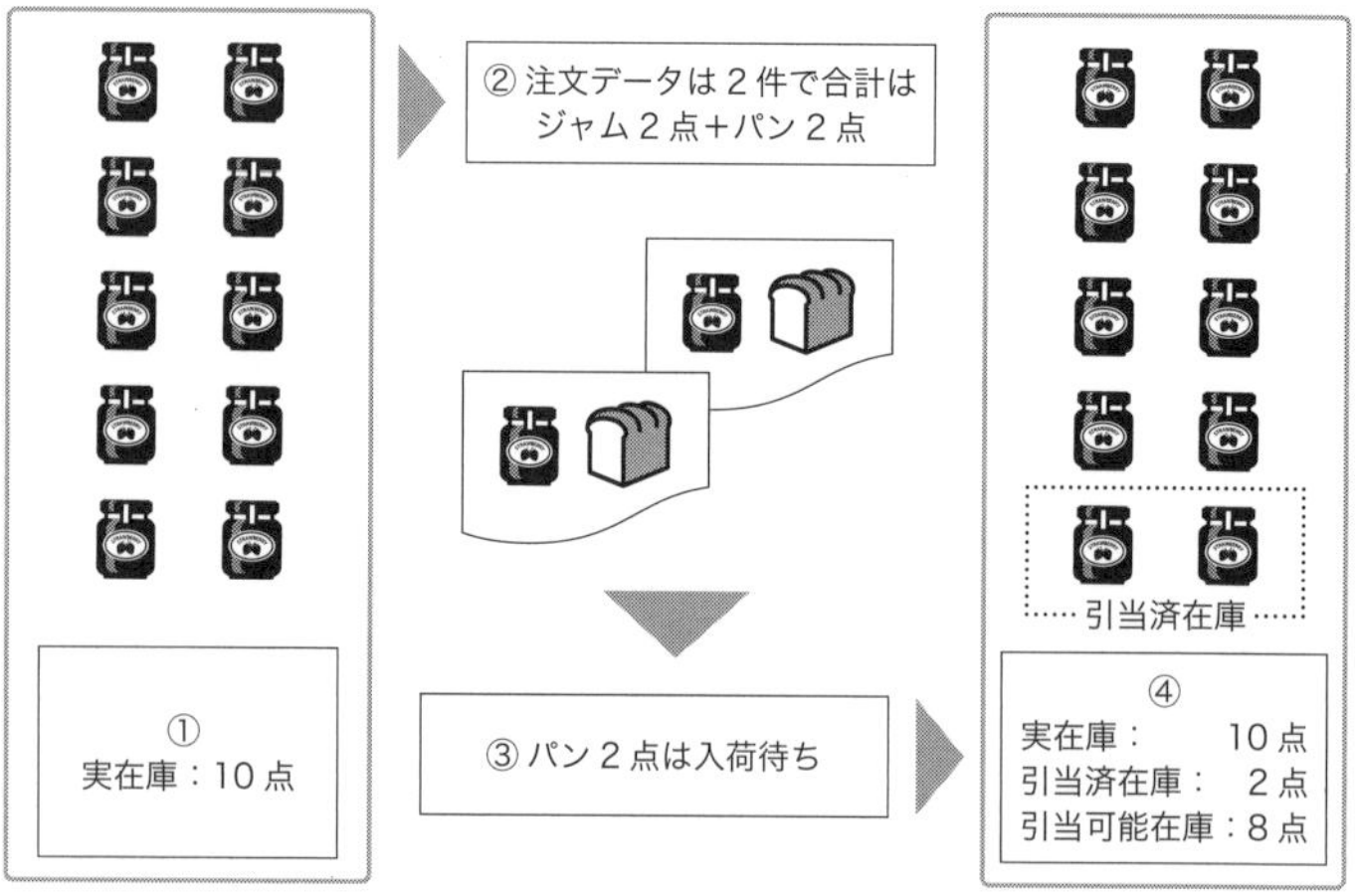

しかし、「在庫引当」という概念がないシステムでは、パンが入荷する前に、10点のジャムの注文が入るとそのまま出荷されてしまい、パンが入荷した時にジャムはない状態になってしまう。パンとジャムを注文した顧客は、先に注文したにもかかわらず、いつまで経っても商品は届かない。

以上のような問題は、いずれもネット通販という事業構造・業務知識がないままに事業をスタートし、困難な状況に陥ってしまったものだ。

ネット通販というビジネスが1990年代後半から始まって20年以上の年月が経っているにもかかわらず、いまだにこういった問題を抱えた企業があとを絶たない。

ネット通販には専門業務が多岐にわたって存在し、それを一貫して運営しないとうまくいかない。ネット通販の本当の参入障壁は、そこにある。

アフターコロナはBPOが決め手！

新型コロナウィルスによって消費者の購買スタイルは確実にWEB（オンライン）にシフトしていく。同時にオンライン上での凌ぎ合いは激しさを増していくだろう。

消費者から選ばれるショップとなるためには、プロモーションやCRM（Customer Relationship Management）を通じてより消費者に近づくか、オリジナル商品の開発や専門特化した商材の取り扱いといった商品力の強化が不可欠である。

第6章で成功企業の例として紹介するナチュラム（アウトドア用品）やAXES（輸入ブランド品）は、ルーティン業務をすべてBPO（Business Process Outsourcing）プロバイダーへアウトソーシングし、一番重要な「マーケティング」と「マーチャンダイジング」に人的リソースを集中させ専門特化を図っている。

メール対応や受注処理、物流、決済といった業務を自分たちで一から構築するより、その道の専門特化したプロ集団を使ったほうが近道で失敗も少ないのだ。

本書では、専門特化したＢＰＯプロバイダーとはどんな集団かを解説していく。

ＥＣ事業者に３６０度のサポートを提供

「高山さんは何が専門ですか？」とよく聞かれる。5年前に『ネット通販は「物流」が決め手！』を上梓したことから「物流の人」というイメージが強いが、通販に携わって来年で40年。通販の業務としては、商品企画、カタログ制作、物流、決済、コンタクトセンター、マーケティング調査、データベース分析など幅広くこなしてきた。

スクロール３６０を中核とするスクロールＥＣソリューション部門は14年前にスタートし、２００社を超えるＥＣ事業者の要望を聴きながら、提供サービスを順次拡大してきた。「ここが困っている」と聞くとどうしてもメニュー化して提供したくなるのだ。

ＥＣソリューション部門の事業会社もスクロール３６０をはじめとして、「後払い．ｃｏｍ」を提供する株式会社キャッチボール、企業向けドロップシッピングとECプロモーション、コンサルティングサービスを提供する株式会社もしも、日本のＥＣショップのコンテンツ制作から受注処理を中国・成都で提供する成都インハナインターネットサービス有限公司と4社に拡充してきた。

図表2　スクロールECソリューション部門のフルフィルメントサービスの体系

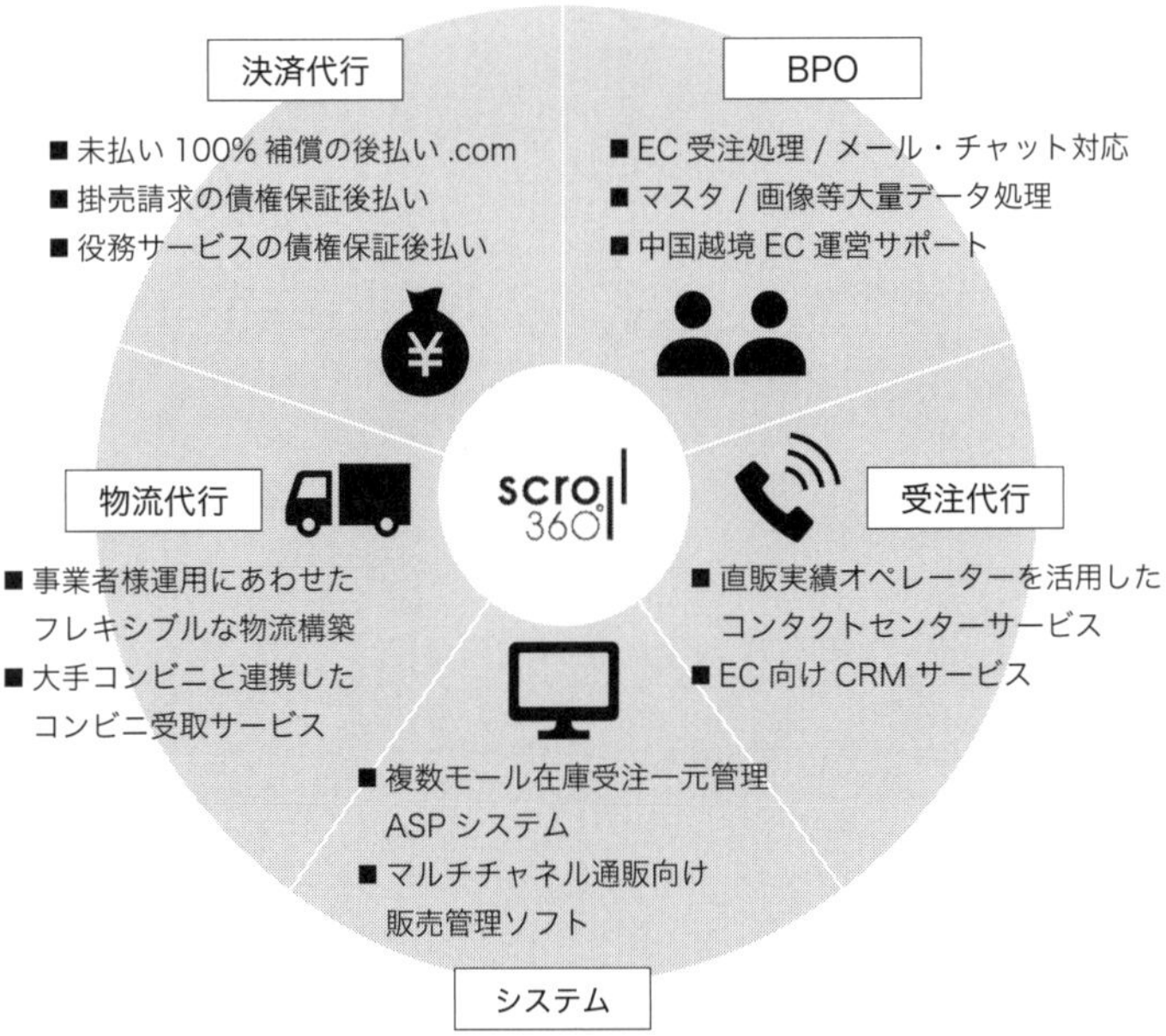

現在、図表2のように、スクロールECソリューション部門は、様々なEC事業者に対してのサポートを360度フルに提供できる組織を擁している。

その結果、モール系からオムニチャネル志向の全国チェーン店、製薬メーカーの新規事業開発部門、アパレルのネットショップ、スポーツ用品店までいろいろなEC事業者から相談がくる。

心がけているのは、それぞれの事業をどのようにサポートすれば、事業発展のステップが踏めるかということだ。

ヒアリングから事業拡大のシナリオ設計へ

具体的にはまず、EC事業者（もしくはこれからEC事業を始める責任者）から現在の事業規模、これまでの経緯、コンペチターの状況、システムや物流・コンタクトセンターの状況、担当者の思いといったことを細部にわたってヒアリングしていく。

すると、サポート・強化する項目、次のステップ、またその次のステップと頭の中に成長シナリオが描かれていくのだ。

もちろん、シナリオは100社100様、データ分析から始めた方が良い場合、マーケ

図表3　スクロール360のEC事業サポート例

ティング調査から始めた方が良い場合、売上は拡大基調なのでインフラ強化から進めた方が良い場合など様々である。

ヒアリングを終えると、事業強化から拡大へのシナリオを設計する。

あるEC事業者の場合、製品を購入した顧客のマーケティング調査が不足していた。事業開始から数年経つが一度も顧客と接したことがないという。

そこでグループ・インタビューを実施し、顧客の購買心理、ペルソナ、同梱チラシの方向性、トーン&マナーの設計を支援した。

次にプロモーション強化だが、現状の物流センターが脆弱で、出荷が増加するとパンクしたり誤送が多発する状態だった。そのため、プロモーションを強化する前に、物流業務を拡張性のあるセンターに移転した。

同時に、オンデマンド・プリンターを使い、グループ・インタビューで明らかになった必要情報を一人ひとり印刷し、商品に同梱していくこととした。

また、それまで使用していたシステムは、ファイルメーカー（データベースソフトウェア）を使って自社で作ったものだったため、アウトソーシングに対応できず、テレワークもできないものだった。そこで、システムをWEB上で動くものに切り替えて、その後、受注処理をアウトソーシングすることにした。

それまで受注処理は自社の社員が行っていたため、土日や祝日の出荷ができなかった。これも、アウトソーシングにより休日でも対応できるようになり、売上向上につながった。スクロールECソリューション部門による業務改善支援のイメージを持っていただけたかと思う。

本書ではネット通販の事業戦略設計からプロモーション、フルフィルメントとネット通販の実践から得たノウハウを紹介している。そして、物流、受注といったフルフィルメントのアウトソーシングの活用の仕方と、成功事例も解説している。

今後も加速するDX化に対応するには、専門的な知識を持ったアウトソーサーの活用は必須だと言わざるを得ない。

本書をきっかけに、ＥＣ事業強化のポイントが整理でき、最高の顧客体験を提供する方向性を掴み、ＤＸ化に対応したシステム、物流体制強化でアフターコロナの時代を乗り切るヒントが得られることを切に願っている。

２０２０年10月吉日

株式会社スクロール３６０　高山隆司
株式会社もしも　佐藤俊幸

目次

目次

目次

第1章

激変するアフターコロナ時代のEC市場

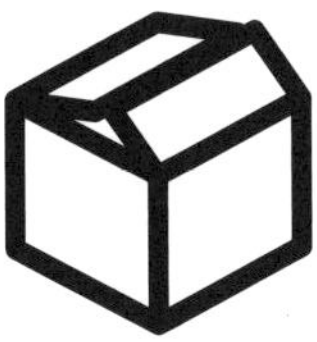

1　加速するEC通販市場の拡大

コロナショックによる「自宅の〇〇化」

第1章では、急速に変化しているEC通販市場の現状を俯瞰しておきたい。全体の大きな見取り図を持っておくことは、目の前の荒波を乗り越え、あるいは荒波の中へ漕ぎ出していく際、不可欠の準備といえる。

新型コロナウイルスの感染拡大の影響（いわゆるコロナショック）は、多方面に及んでいる。海外では都市封鎖（ロックダウン）に踏み切る国が続出し、日本を含め各国のGDP（国内総生産）は戦後最悪の落ち込みとなっている。

日本では、東京オリンピック・パラリンピックがとりあえず1年延期となったほか、4月なかばには全都道府県に「緊急事態宣言」が出され、ほぼ1カ月半にわたって社会経済活動に急ブレーキがかかった。

外出自粛により、多くの企業では在宅勤務（テレワーク）やテレビ会議が当たり前になった。これまでなかなか進まなかった社会や経済のEC化、ビジネスのDX化が一気に進みそうな気配である。

こうした中、EC通販市場は荒れ模様である。当社では200社以上におけるEC通販事業のバックヤードをサポートしているが、これほどクライアントごとに受注数が激変したのは初めてのことだ。

業種によって追い風、逆風様々である。

食品、ワイン、コーヒー関連、フィットネス器具、ダイエット用品などは伸びている。特に食品の伸びは大きく、出荷額が前年同月比3・5倍を超えている事業者もある。

逆に、商業施設の店舗休業の影響で、アパレル・化粧品の店舗配送は激減している。さらに、これまでEC物流の体制を整備してこなかった事業者の間からは悲鳴があがっている。

そんな状況を横目に、EC通販で買い物をする消費者は、単に店舗が開いていないためEC通販を利用するというより、生活のあり方そのものが変化してきているようだ。いわゆる「巣籠もり消費」と呼ばれる現象は、その表面をなぞったものにすぎない。

当社物流センターにおいて、前年対比で出荷が急増した商品を分類してみた（図表4）。Aの店舗閉店自粛による出荷増については、単純に「店が閉まっているからECで購入」

というパターンだが、B、C、Dはそれとは違った要因が関係している。

特にBの生活様式の変化による出荷増については、筆者の友人であり日本オムニチャネル協会アドバイザリーボードでもある大西理氏（＊1）が「自宅の〇〇化」という考えを提唱している。

すなわち、自宅で過ごす時間が長くなったため、自宅での生活が多目的化している。消費者心理そのものが変化し、需要シフトをもたらし、〝売れる〟商品と〝使う〟場所が変化し始めているというのである。

たとえば、有名店のテイクアウトを利用し「自宅をレストラン化」する。ヨガマットやトレーニングギアを買って「自宅をジム化」する。ふだんは自宅で食べないおつまみや高いお酒を購入して「自宅を居酒屋化」「自宅をバー化」する。そのほか、自宅が「プレイランド化」したり、自宅が「キャンプ場化」するといった現象が起こっている。リモートワークは「自宅の職場化」、オンライン授業は「自宅の学校化」であり、小売業であればECとオンライン接客の組み合わせで「自宅の店舗化」も可能となる。

Cの健康管理＆免疫力強化による出荷増では、体温計や免疫力が強化されるサプリに注

＊1―大西 理（おおにし・さとる）氏　株式会社グラニフ執行役員、日本オムニチャネル協会アドバイザリーボード

図表4　対前年比で出荷が急増したEC通販商品

文が殺到している。また、当社では手芸用品の出荷もしているが、そのＥＣショップがマスクの材料となるガーゼ生地の切り売りをしており、１日１２００件の生地カットの受注が舞い込んだ（当社倉庫では生地カットのほか、裾直し、袖丈詰めができるゾーンを併設している）。

Ｄの居住空間の改造による出荷増は、「自宅の○○化」を補完するための行動様式といえる。小学校に登校できない子どもたちが家で走り回り、その騒音を気にして防音マットを購入する。また、テレワークに集中するための防音パーテーションも売れている。巣籠もりで気になっていた家のメンテナンスや、時間を持て余してガーデニングを始めるといった行動様式の変化が見て取れる。

そして、着目しなければならないのは、緊急事態宣言解除後も出荷数はさほど落ちていないということだ。店舗が開いても、ＥＣ通販で買う方が便利で感染リスクも少ないことに消費者は気づいたのである。

こうした状況を見るにつけ、「ビフォーコロナ」と「アフターコロナ」で消費者の購買行動が一変したことを認識しなければならない。

この変化の波は加速し、恐るべき勢いで進化していく。

「一番強い企業が生き残るのではない。環境に適合した企業が生き残るのだ」

日本において、流通小売市場に変革をもたらしたのがEC通販である。クリック&モルタル、O2O（Online to Offline）、オムニチャネル、OMOなどバズワードは変遷しているが、いずれも流通小売市場のDXを示す言葉となっている。

筆者がカタログ通販企業のスクロール（旧ムトウ）に入社した1981年当時、カタログで商品を買うというのは非常にマイナーな購入手法だった。

そのためスクロールでは全国に400名ほどの営業担当者を配置し、顧客にカタログ販売を安心して利用できるよう対面でコミュニケーションをとりながら注文を受け、また、返品があれば訪問回収し、さらに集金まで行っていた。

その中で徐々にカタログ販売も安心安全、信頼のおける購入手法として認知されていったと記憶している。

1980年代に入ると、セシール、ニッセン、千趣会といった総合通販企業が躍進を遂げた。各社しのぎを削って、通販システムの改善、物流センターの構築、MD（マーチャンダイジング）の強化、マーケティングの充実に取り組み、現在のネット通販の基礎ができあがっていった。

1990年代前半のデジタル出現前夜、筆者はスクロールの通販事業の第一線でマーケティングを担当していた。顧客データベースを分析し、注文確率の高い顧客を抽出し、DMを打って注文を取るビジネスモデルだった。そこに登場したのがインターネットという新たなIT技術である。

日本の流通小売市場におけるDXのスタートは1996年のYahoo! JAPAN、1997年の楽天市場の開設からであろう。その後のAmazon.co.jp、ZOZOTOWNの登場へとDXは進んでいく。

注目したいのは、業界勢力図の変化はインフラとデバイスの変化によってもたらされていることだ。

カタログにより我が世の春を謳歌していた「総合通販」は、デジタル化の進展にともない事業の縮小を余儀なくされていった。当時の総合通販のトップ企業は2000億円の売上を誇っていたが、現在は数百億円にまで減少している。総合通販のビジネスモデルでは、数カ月の時間をかけて商品企画からモデル撮影、カタログ印刷などを行う。これに対し、EC通販では、倉庫に届いた商品をそのまま倉庫内で撮影し、WEB上の店舗に出品する。スピードとコストで、総合通販がEC通販に敗れることは必然であった。

また、DXの先鞭をつけたYahoo! JAPANはPC時代にはポータルサイトとして君臨し

図表5　ネット通販の歴史

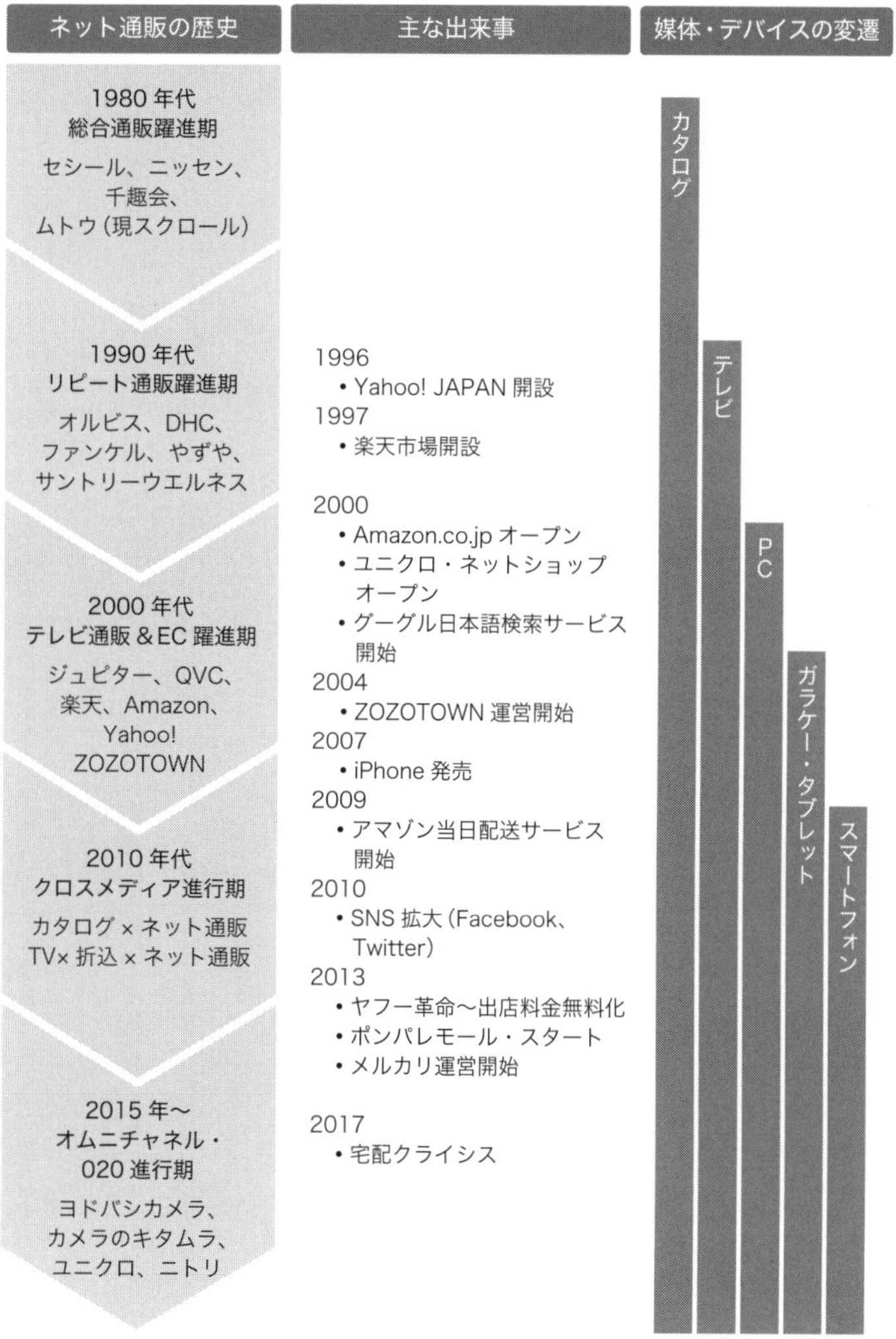
ネット通販の歴史
主な出来事
媒体・デバイスの変遷
1980年代
総合通販躍進期
セシール、ニッセン、
千趣会、
ムトウ（現スクロール）
1990年代
リピート通販躍進期
オルビス、DHC、
ファンケル、やずや、
サントリーウエルネス
2000年代
テレビ通販＆EC躍進期
ジュピター、QVC、
楽天、Amazon、
Yahoo!
ZOZOTOWN
2010年代
クロスメディア進行期
カタログ×ネット通販
TV×折込×ネット通販
2015年～
オムニチャネル・
O2O進行期
ヨドバシカメラ、
カメラのキタムラ、
ユニクロ、ニトリ
1996
・Yahoo! JAPAN開設
1997
・楽天市場開設
2000
・Amazon.co.jpオープン
・ユニクロ・ネットショップオープン
・グーグル日本語検索サービス開始
2004
・ZOZOTOWN運営開始
2007
・iPhone発売
2009
・アマゾン当日配送サービス開始
2010
・SNS拡大（Facebook、Twitter）
2013
・ヤフー革命～出店料金無料化
・ポンパレモール・スタート
・メルカリ運営開始
2017
・宅配クライシス
カタログ
テレビ
PC
ガラケー・タブレット
スマートフォン

たが、スマートフォン（スマホ）の登場によってＬＩＮＥなどＳＮＳの利用者が拡大した。
筆者がセミナーでよく使う言葉がある。

「一番強い企業が生き残るのではない。環境に適合した企業が生き残るのだ」

環境の変化をいち早く読み取り、環境に適合する方策を考えることが過去にも増して求められている。

筆者の経験の中で最も辛かったのは、訪問販売部門に属した時のことだ。毎日毎日、夜遅くまで懸命に努力しながら、売上も利益も一向に上がらない。訪問販売は衰退産業であるということを嫌というほど思い知らされた。

その時、ある先輩から**「船頭（リーダー）の役割は、川上に向かって舟を漕ぐことではなく、船の向きを川下に向けることだ」**と言われ、目が覚めた。

衰退産業となった事業に労力を費やしても、勝ち目はない。衰退産業という船の向きを、成長産業へと転換させることがリーダーの役割なのだ。

アフターコロナという大きな環境変化の中で、自社の事業が衰退の道を歩むのか、それとも新たな成長路線へと自己変革できるのかは、船頭（リーダー）の双肩にかかっている。

アフターコロナで成長が加速するEC市場

国内のEC通販市場は1990年代後半にスタートし、ほぼ一貫してその規模を拡大してきた。経済産業省のレポート『令和元年度 内外一体の経済成長戦略構築にかかる国際経済調査事業（電子商取引に関する市場調査）』（2020年7月）によれば、2019年のBtoC－EC（消費者向けEC）市場の規模は19兆3609億円と推計され、対前年比7・65％の伸びとなった。

ここ20年以上、国内の個人消費の伸びは1～2％、時にはマイナスに落ち込むこともある中で、7％台というのは極めて高い数値といえる。しかも、EC化率は6・76％（物販分野）に過ぎず、まだまだ伸びが期待できる（図表6）。

経済産業省のレポートではECの定義を「インターネットを利用して、受発注がコンピュータネットワークシステム上で行われること」としている。見積りのみシステム上で行い、受発注指示が人による口頭、書面、電話、FAXなどを介して行われるような取引は含まないし、eメール（またはその添付ファイル）による受発注のうち、定型フォーマットによらないものも含めないとしている。

また、2019年12月に発表された野村総合研究所のレポートによると、2019年度のＢtoＣ－ＥＣ（消費者向けＥＣ）の市場規模は19兆５０００億円であり、これが２０２５年度には、27兆８０００億円に拡大すると推計している（図表7）。

野村総合研究所の「ＢtoＣ－ＥＣ」の定義は、「インターネット経由で一般消費者向け商品・サービスを販売・購入すること」である。こちらは、ガラケーやスマートフォンなど、携帯電話回線を介したインターネット経由の販売金額を含む。ホテルなど店頭で決済を行う場合でも、オンラインで予約したものは含まれる。一方、自動車や不動産の見積もりをネット経由で行うなど、契約がネットで完結しないものは含まない。オンラインの金融サービスや音楽・映像・ｅラーニングといったデジタルコンテンツ、ネットを介した公営競技やオークションも含まない。

経済産業省と野村総合研究所では多少、推計の条件が異なるが、いずれにしろ実際にはＥＣの影響範囲はより大きく、社会やビジネスへの浸透もより深いだろう。これからもＥＣ通販市場の拡大は続くと見込まれ、今回のコロナショックでさらにそのスピードが速まるに違いない。

図表6　経済産業省によるB to C−ECの市場規模およびEC化率の経年推移

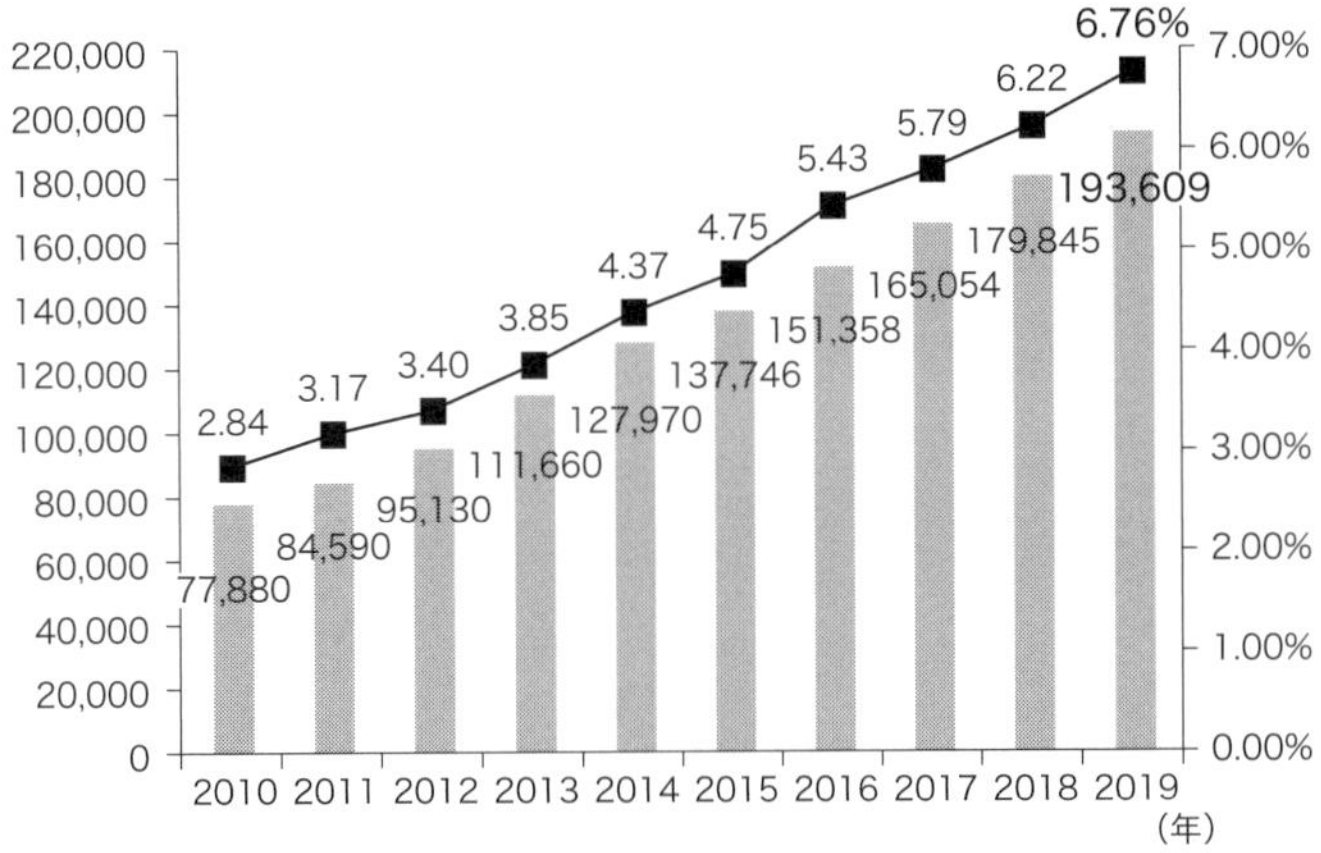

※経済産業省『令和元年度内外一体の経済成長戦略構築にかかる国際経済調査事業（電子商取引に関する市場調査）』

図表7　野村総合研究所によるB to C−EC市場の予測

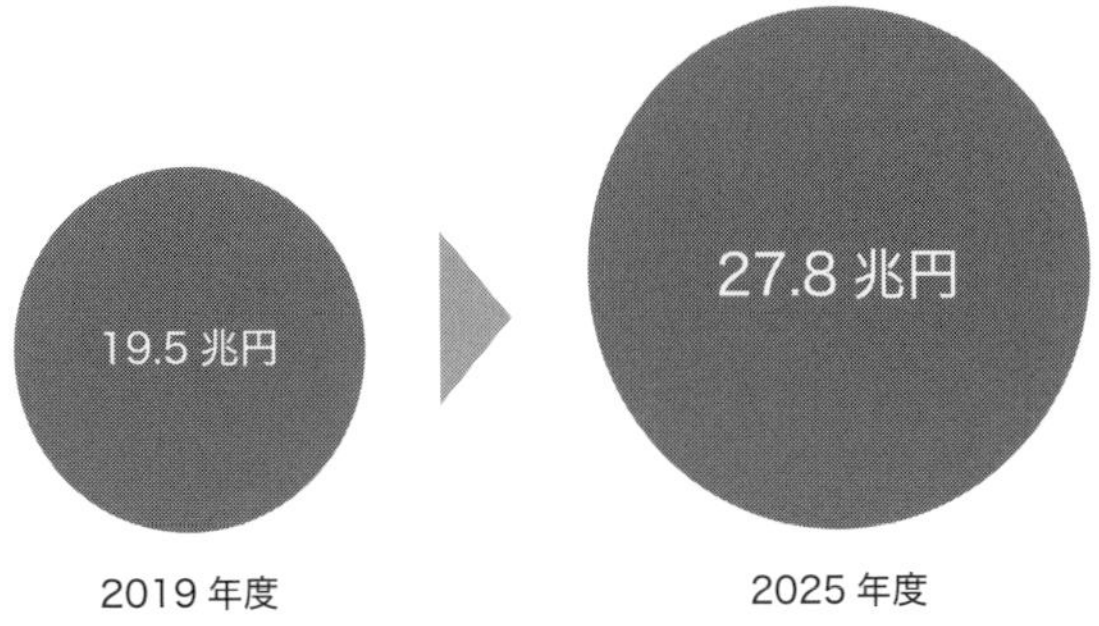

※野村総合研究所資料

2　EC通販市場の構造変化

着実に進むオムニチャネル化

ＥＣ通販市場の現状を見る場合、規模の拡大とともに構造変化が進んでいることを見逃してはいけない。その変化は不可逆的なものであり、決して後戻りすることはないと考えられる。

以下、チャネルの複合化、デバイスのスマホシフト、ソリューションプロバイダーの増加、取引関係の多様化、越境通販の拡大、という５つの構造変化を取り上げてみたい。

第一の構造変化がチャネルの複合化、具体的にはオムニチャネルの普及である。

オムニチャネルは歴史的にマルチチャネル、クロスチャネルから発展してきた。リアル（実店舗）とネット（ＥＣ通販）を統合することで、消費者にシームレスな買い物経験を提供しようとするものだ。具体的には、クリック＆コレクト（＊2）、エンドレスアイル（＊3）、ショールーミング（＊4）、ＳＮＳといった手法を組み合わせ、商品認知〜検討〜購入〜商品受取という一連の購買行動を多様化することで、消費者は柔軟に好みにあった選択ができるとされる（図表8）。

先ほど取り上げた野村総合研究所のレポートによると、2019年度の「オムニチャネル・コマース」の市場規模は61兆円であり、これが2025年度には80兆6000億円に拡大すると推計している。

野村総合研究所の「オムニチャネル・コマース」は、「最終的な購買経路がインターネット経由かリアル店舗かを問わず、一般消費者向けの商品・サービスを、インターネット上

＊2　クリック&コレクト（Click & Collect）　インターネットで商品を購入した後、実店舗や宅配ボックス、ドライブスルーなど自宅以外の場所で商品を受け取ることができる仕組み。特に実店舗で受け取るケースについてはBOPIS（Buy Online Pick-up In Store）とも呼ばれる。一人暮らしなどで自宅での受け取りが難しい消費者に利便性を提供するのが目的。

＊3　エンドレスアイル（Endless Aisle）　「無限の棚」という意味で、実店舗ではスペースの関係上、在庫しておけない商品やサイズ違い・色違いなどを、店舗に設置した専用端末などECを通じて提供する仕組み。商品は後日、自宅配送や店舗で受け取ることができる。

＊4　ショールーミング（Showrooming）　実店舗はショールームとして商品を見たり触ったり確認するだけで、実際の購入はEC通販で価格を比較したりしながら行うこと。逆に、オンラインショップやSNSなどで商品を検討し、実店舗で購入することをウェブルーミングと呼ぶ。

図表8　マルチチャネルからオムニチャネルへの進化イメージ

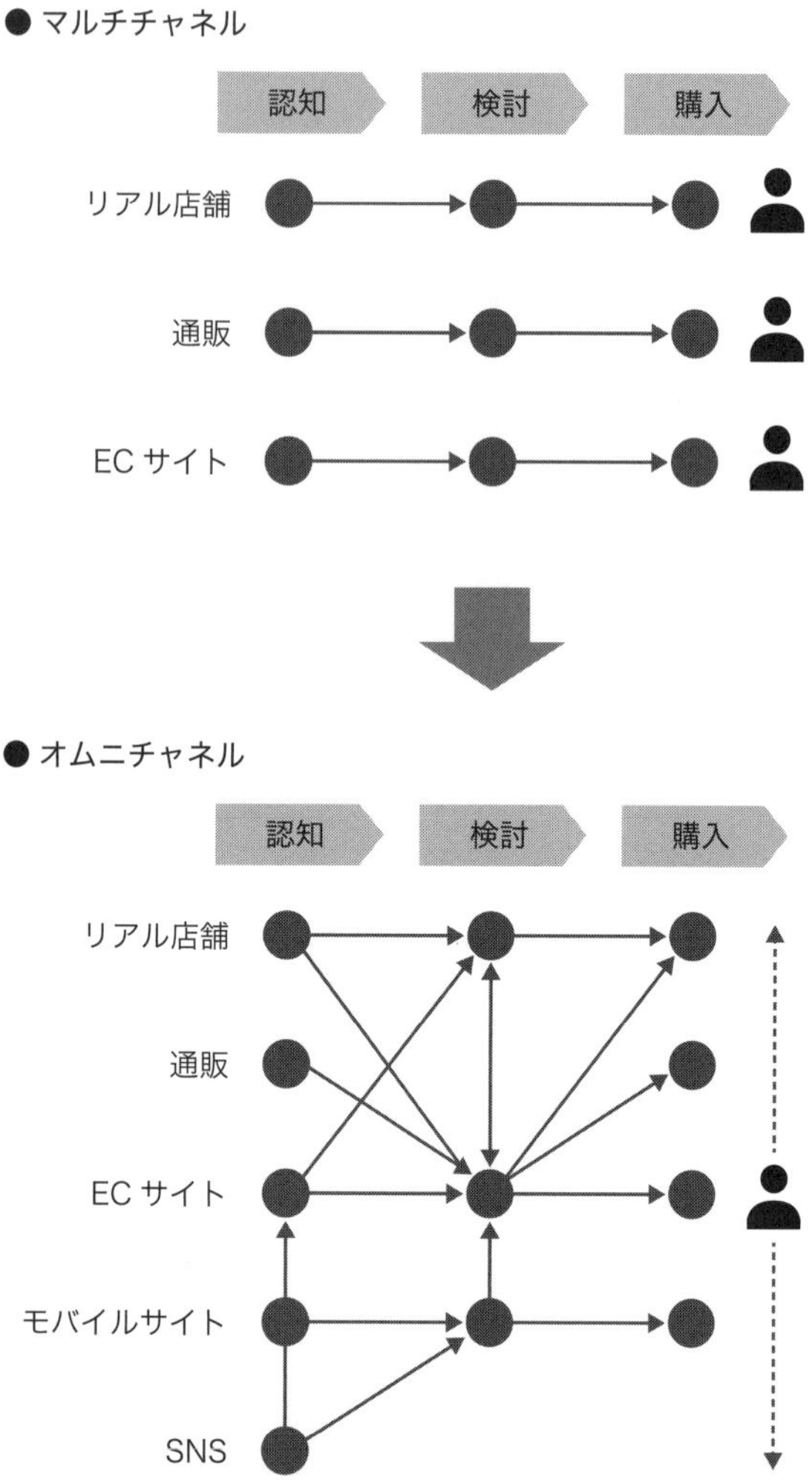

の情報を見たうえで購入、利用すること」とされる。

ここでいうインターネット上の情報とは、公式のサイトやブログ、SNS、ECサイト、比較サイトや地図検索、友人・知人とのSNSでのやりとり、アプリ、メールなどの情報を含む。

このように野村総合研究所の「オムニチャネル・コマース」は、インターネット上の情報をきっかけとした取引を幅広く含むため、BtoC−EC市場のほぼ3倍の規模に達する。リアル店舗主体のビジネススキームを展開する企業が今後、ECの導入強化によってオムニチャネル展開を進めなければならないのは明らかだ。

筆者はリアル店舗で売上を拡大してきた企業の経営者から、「ECをやりたいのだがどうしたら良いのか？」という相談をたびたび受ける。

そういう時、筆者からはECに取り組む目的について質問させていただくが、「店舗より安い投資で売上が上がるだろう」とか「ライバル企業がもうやっているから」というように、目的が明確でない場合が多い。

名前は明かせないが1社だけ、ECに取り組む目的が明確な企業があった。「店舗、SNSに続いてECという手段でコミュニケーション力を強化する」というのがその企業の答えであった。従来からの店舗スタッフの接客、SNSでの接触に加え、オリジナルグッズのＥＣ販売を行うことで、顧客と接触する頻度とバリエーションを増やし、自社ブランドに対する顧客のファン化を推進するというのである。「コミュニケーションの頻度とバリエーション」は、これからのＣＲＭ（Customer Relationship Management）における究極の鍵といえる。

かつて、店舗という販売チャネルと折込みチラシなどのマス媒体で販売していた時代から、ＩＴ技術の進化によってクリック＆コレクト、エンドレスアイル、ショールーミング、ＳＮＳといった〝飛び道具〟が使える世の中になった。オムニチャネルの本質は、こうした〝飛び道具〟を使っていかに本業を強化するかということにある。

ただし、目的を履き違えると迷路に入る。オムニチャネルは手段であって目的ではない。顧客がブランドとのコミュニケーションを強化したり、買い物をより気軽に楽しめるようにするため、〝飛び道具〟をどのように組み合わせて使うかが重要なのである。

急速に伸びるスマホ経由での取引

ＥＣ通販市場における第二の構造変化は、デバイスのスマホシフトである。

個人によるインターネット利用時の端末として、２０１７年にはスマートフォン（59・

図表9　インターネット端末別利用状況（個人）

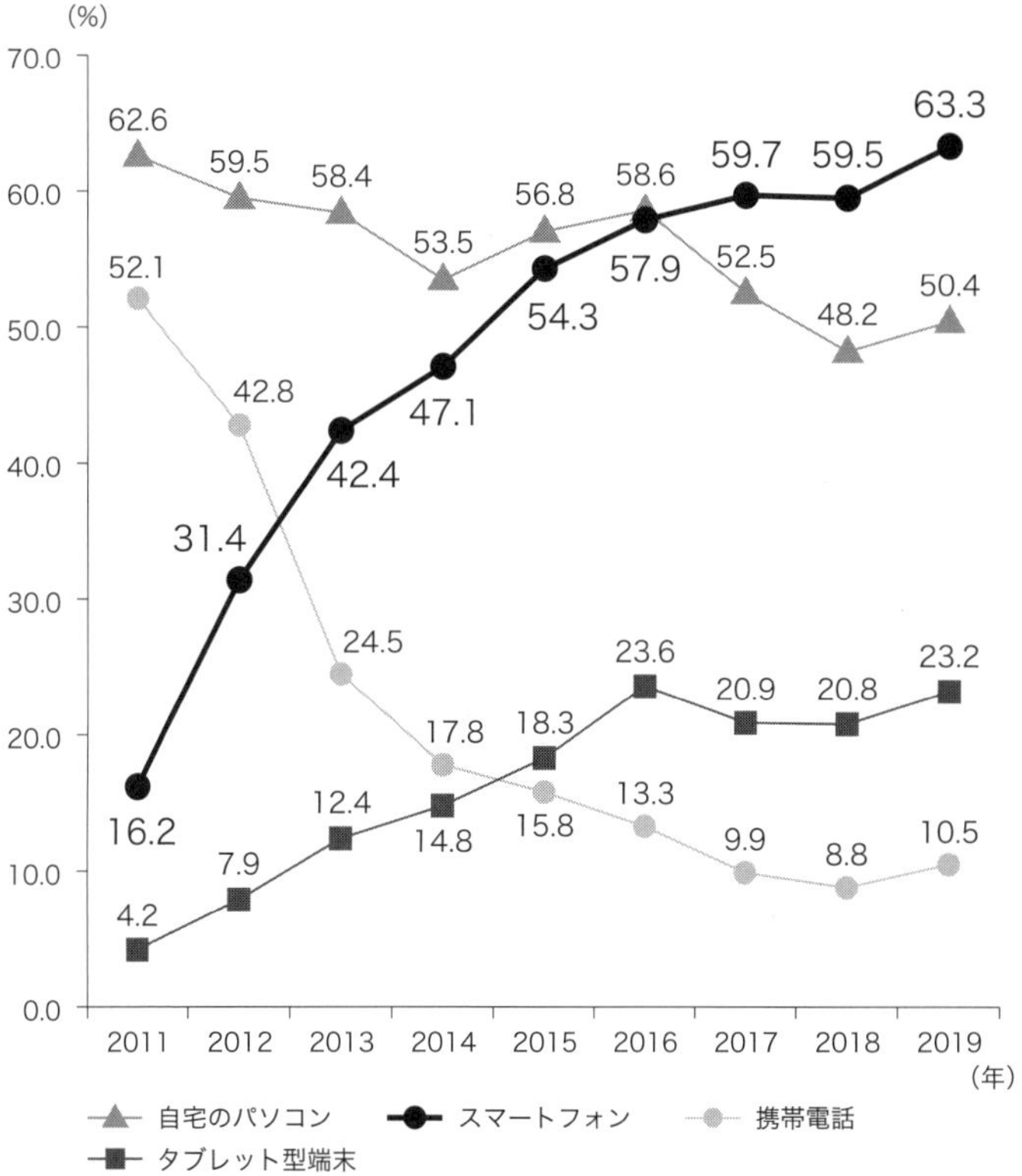

※経済産業省『令和元年度内外一体の経済成長戦略構築にかかる国際経済調査事業（電子商取引に関する市場調査）』

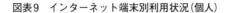

7％）がパソコン（52・5％）を逆転し、トップとなった（図表9）。

ＥＣ（電子商取引）においても同様で、物販、サービス、デジタルといった各分野にわたり、スマートフォン経由での取引額が急速に増加している。

前述の経済産業省のリポートにおいては、物販分野におけるスマートフォン経由のＢtoＣ－ＥＣの市場規模を４兆２６１８億円と推計している。これは物販全体のＢtoＣ－ＥＣ市場（10兆５１５億円）の４割以上になる。

また、物販分野におけるスマートフォン経由のＢtoＣ－ＥＣ市場規模は、２０１８年と比較して２０１９年は６０７６億円増加している。物販全体のＢtoＣ－ＥＣの市場規模は同じく２０１８年比で２０１９年には７５２３億円増加しているので、そのうち８割をスマートフォン経由の増加分で占めることになる。スマートフォンを通じた取引の拡大が、物販分野におけるＢtoＣ－ＥＣ市場の拡大の原動力になっていることが分かる。

なお、スマホの利用率は従来、世代によって開きがあるとされてきた。しかし、最近はその差が縮まってきている。特に今回のコロナショックにより、高齢者層でスマホによるＥＣ通販の利用が急拡大しているという。

もともと高齢者層は世帯当たりの消費支出が若年層より多く、スマホを保有する割合が高まることで、高齢者層によるスマホを通じた購入が今後、物販分野におけるＢtoＣ－Ｅ

C市場の牽引役になる可能性がある。

SNSの存在感の高まり

デバイスのスマホシフトに連動しているのが、**SNSの存在感の高まり**である。

PCをインターネットの接続デバイスとして使う場合、デスクの前に座って液晶画面を見るというスタイルが基本であり、個人間のコミュニケーションとしてはeメールの利用頻度が高いと考えられる。

これに対してスマホでは、通勤の途中で、テレビを見ながら、食事をしながら、いつでもどこでも、気の向いたときにインターネットに接続できる。

当然、インターネットの利用時間は長くなり、そこで何をするのかが問題になる。もちろん人によって様々だろうが、若い世代で「ソーシャルネットワーキングサービスの利用」「無料通話アプリやボイスチャットの利用」「動画投稿・共有サイトの利用」などの割合が高いとされる。いずれも広義のSNSにあたるものである。

インターネットは世界中の多種多様な情報へのアクセスを可能にするが、それは一方では自分が求めている情報に容易にたどり着けないという矛盾をはらんでいる。

この問題を解決するため、いまやインターネットに欠かせない機能となっているのがグーグルに代表される無料の「検索」サービスである。

ＥＣ通販のマーケティングにおいても、その初期から「検索」サービスにおいていかに上位に表示されるかが最重要とされてきた。ところが近年、特に若い世代においてインターネットの利用目的が、前述のように「ＳＮＳ」に移行している。

そのため、検索にしてもグーグルやヤフーでの「検索」ではなく、ＳＮＳの「ハッシュタグ検索」が頻繁に利用されるようになっている。

ある大手ＥＣ企業が女子高校生を対象にグループインタビューを行ったところ、一番使っているのはＬＩＮＥで、中にはスマホの待ち受け画面にＬＩＮＥアプリしか表示されていないケースがあったという。他のアプリを待ち受け画面に表示すると、壁紙（待ち受け画面の背景）として使っている〝お気に入り〟の写真が見えなくなるというのがその理由だそうだ。ＰＣ主体のこのＥＣ企業は「この世代が10年たったら自社サイトは見られなくなる」と恐怖を感じ、スマホ最優先に戦略を切り替えた。

さらに、スマホでのインターネット利用は、ブラウザからアプリに移りつつある。例えば、かつては商品比較サイトで時間をかけて価格などを比較していたものが、体調管理しながら健康グッズの購入ができるアプリや、リアル店舗のポイント管理とＷＥＢ注文が一緒にできるアプリなど、アプリ上でいろいろなことをまとめて簡単、手軽に済ませられる点が評価されているのだ。

このように消費者の購買行動は日進月歩で変化しているため、EC市場に新規参入する場合、今後の動向をしっかり把握したうえで、事業計画を練らなければならない。自社の商品のメインターゲットはインターネットをどのように利用しており、そのターゲットが一番使い易いWEB媒体はどれなのかを見極め、ビジネスプランを設計する必要がある。

ソリューションプロバイダーの活用

EC通販市場における第三の構造変化は、ソリューションプロバイダーの拡大である。

そもそも、インターネットを利用することによって中小企業はもちろん、個人事業主であっても通販業を比較的簡単に始められることがEC通販市場の拡大につながってきた。

ただ、インターネットによって通販業への参入が容易になったとしても、参入後、事業を成長・発展させられるかどうかはまた別の話である。

EC通販事業の成長・発展のためには、インターネットについての基本的なスキルはもちろん、事業モデルの構築、ECマーケティングの展開、受注・発送・決済などのフルフィルメントといった専門的な業務スキルが必要となる。参入は簡単でも、こうした業務を一定のレベルでバランス良く遂行できなければ、事業の継続は難しい。実際にこれまで、多くの事業者がＥＣに参入し、そして消えていった。

そうした専門的な業務スキルを補完するためにソリューションプロバイダーが存在している。

「ＥＣのミカタ」というＥＣ通販事業者向けＷＥＢ媒体社が編集している業界マップをご覧になったことがあるだろうか。専門領域毎に百花繚乱のプロバイダーが存在していることが分かるはずだ。これだけの専門的な業務スキルがあるということ自体、ＥＣ事業の難しさを示しており、これらのプロバイダーを上手に活用することが、成功への近道なのである。

第6章で紹介するが、これらのソリューションプロバイダーを活用して実績を上げている事業者は少なくない。

ある事業者の場合、ＷＥＢコンテンツの制作、受注、出荷、代金回収、クレーム対応などはすべてソリューションプロバイダーへアウトソーシングし、自社のスタッフは事業戦略やマーチャンダイジングといったコア業務に集中している。その結果、7年でスタッフが15名から50名へ約3倍に増えた一方、売上は8倍の増加を実現した。

「餅は餅屋」という言葉があるように、受注、出荷、代金回収、クレーム対応といったルーティン業務は専門のソリューションプロバイダーに任せておき、一番コアな業務に人的リソースを集中することが、スピードの時代を生き残る策と言える。

EC通販の各種業務を担う専門人材が枯渇しているいま、新人を採用しいちから育てるより、熟練した専門集団に任せた方が、事業拡大スピードは確実に上がる。

台頭するCtoC―EC市場

EC通販市場の第四の構造変化が、**取引関係の多様化**である。

スマホとSNSの利用者が増え、また多種多様なソリューションプロバイダーの登場などを背景に、従来メインとなってきたBtoC型以外にも、EC通販の取引関係が多様になってきている。

一例が、個人と個人が直接、取引するCtoC―EC市場の急速な台頭だ。経済産業省のレポートによれば、2019年のCtoC―EC市場の規模は1兆7407億円で、前年比9・5%の伸びになったと推計されている。

これまでも、個人がEC通販市場に事業者として参入するケースは珍しくなかったが、

CtoC−EC市場は個人がそれぞれ消費者としてつながる点に特徴がある。そのため、CtoC−EC市場の取引は基本的に消費税がかからない。消費税は国内において事業者が事業として対価を得て行う活動が対象であり、個人間の非継続・非反復的な取引は対象外だからだ。

CtoC−EC市場の代表格が、「ネットオークション」と「フリマアプリ」である。ネットオークションについては、1999年にヤフーが開始した「Yahoo!オークション（現ヤフオク！）」が嚆矢である。2004年にはディー・エヌ・エーが「モバオク」を開始し、国内では現在、この2社がネットオークション市場をリードしている。また、楽天市場やAmazonマーケットプレイスでも、個人が中古品を出品できることからネットオークションの機能を果たしており、市場規模はすでに1兆円を超えると推測されている。

一方のフリマアプリは、オンライン上で個人どうしが自由に物品の売買を行えるスマホ用のアプリであり、フリーマーケットのEC版といえる。

2013年にスタートした「メルカリ」が最大手であり、そのほか楽天が運営する「ラクマ」、若い女性に人気の「ショッピーズ」が3大フリマアプリといわれる。

フリマアプリ市場はこうした総合プラットフォーマーのほか、アニメ、本、ブランド品、チケット、家電といった特定カテゴリーのマーケット、そして個人がつくる手芸用品などのハンドメイドマーケットに3分類される。

近年のCtoC−EC市場の拡大は、主にこうしたフリマアプリ市場の成長が寄与しているのだ。

なお、CtoC−EC市場の背景には、環境意識の高まりがある。環境に優しい社会づくりには、リデュース（ごみの削減）、リユース（モノの再利用）、リサイクル（廃棄物の再生利用）の3Rが重要であるとされ、ネットオークションやフリマアプリは、まさにリユースに通じる販売形態といえる。

環境意識の高まりなどによって、今後さらにCtoC−EC市場が拡大を続けていくことは間違いないだろう。

存在感を増す越境EC市場

EC通販市場の第五の構造変化は、「越境EC通販」の拡大である。

越境ECとは、インターネットを通じて行う国際的な電子商取引（EC）のことである。いまやEC通販を利用すれば、国境の壁を越えて品質のよい商品を低価格で購入することが可能である。海外マーケットプレイスが整備され、越境EC支援会社も増え、国境をまたいだインターネットショッピングが気軽かつ簡単にできる。PCやスマホを利用すれば、いつでもどこでも越境ECが利用できる時代になったのである。

経済産業省のレポートでは、全世界の越境ECの市場規模は2020年で9123億米ドル（約100兆円、1米ドル＝110円換算）と推計されている。そしてこれが、7年後の2027年には4兆8561億米ドルにまで拡大すると予測されている。その間の年平均成長率は約27％にも達する。実際にそうなるかどうかは別としても、越境EC市場には非常に大きな可能性があることは間違いない。

日本・米国・中国3か国間における越境EC市場の関係をみると（図表10）、2019年における日本の市場規模（購入額）は3175億円であった。うち、米国経由は2863億円、中国経由は312億円である。

一方、米国の市場規模（購入額）は1兆5570億円で、日本からが9034億円、中国からが6535億円である。

また、中国の市場規模（購入額）は3兆6652億円で、日本からが1兆6558億円、米国からが2兆94億円である。

こうしてみると、日本の越境BtoC–ECは基本的に「輸出中心」であり、国内の事業者にとっては非常に大きなビジネスになってきている。

図表10　日本、米国、中国の越境ECの状況

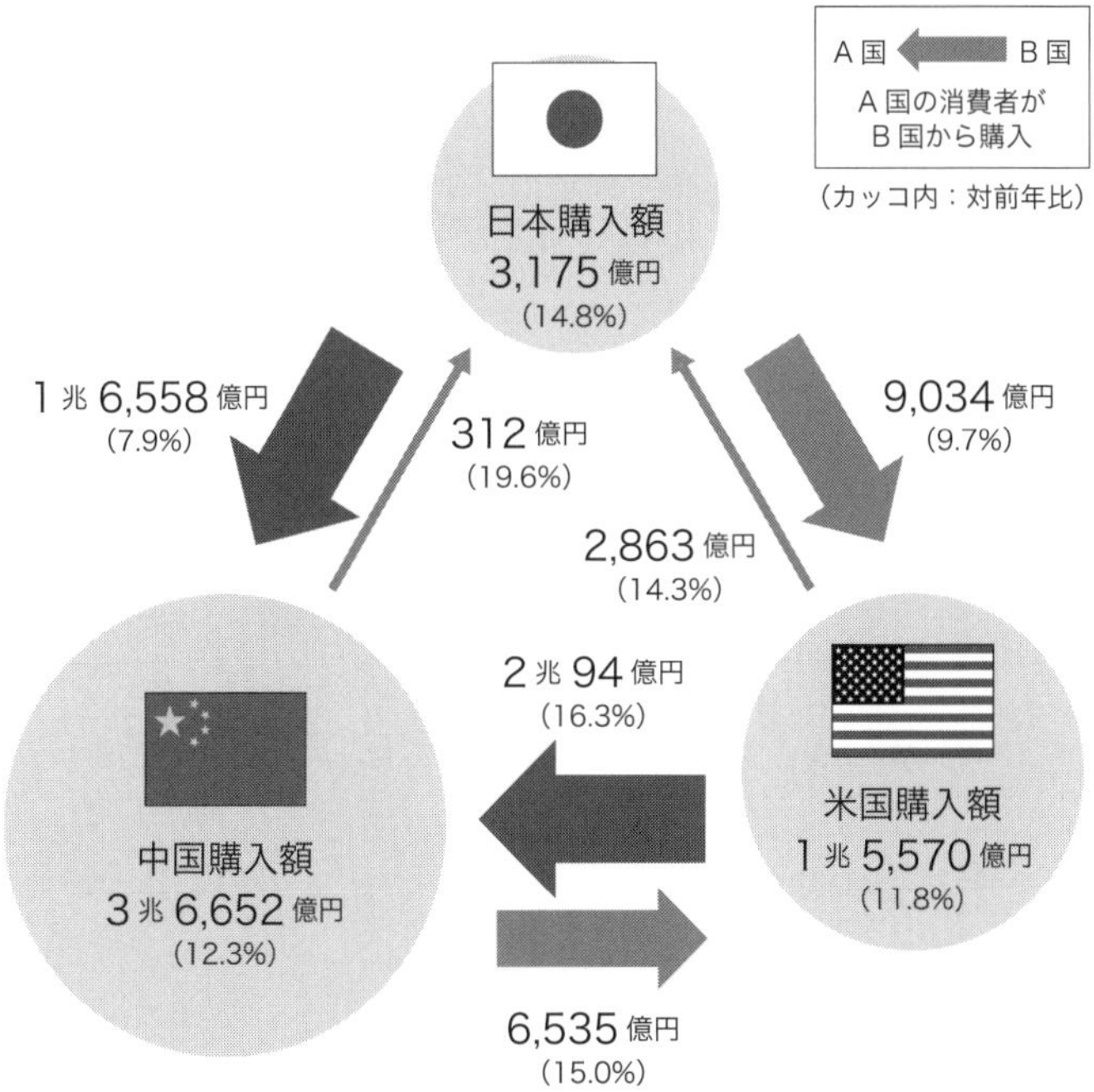

※経済産業省『令和元年度内外一体の経済成長戦略構築にかかる国際経済調査事業（電子商取引に関する市場調査）』

その背景には、訪日外国人が日本で家電製品や衛生用品、食料品、衣類などを購入し、帰国後に使用したところ大いに気に入り、越境ECを利用してリピート購入するという流れが定着していることがある。知人、友人から土産としてもらい、気に入って購入するケースもあるだろう。自国の店頭では取り扱いのない商品も、越境ECなら容易に手に入れることができる。

日本の事業者にとっても、越境ECであれば海外に出店する必要がない。現地で外国人向けの商品を販売しようとする場合、出店申請の手間のほか、家賃、現地スタッフの人件費などのコストがかかる。十分なマーケティングを行わなければ、出店に漕ぎつけたとしても失敗するリスクは高い。その点、EC通販なら、実店舗を持つよりも大幅に初期費用を抑えつつ、新規市場を開拓する端緒を掴める。

越境ECは新型コロナの影響で一旦は低調になっているが、ワクチン開発などで終息した後はふたたび拡大に転ずるのは間違いない。コロナ以前までの越境ECの規模と成長速度は一度頭に入れておいた方が良い。そして、人口減が進む国内市場から、将来は海外市場を取りこむことを選択するしかないことも認識しておいてほしい。

3　変貌を続けるEC物流の現場

EC通販事業の鍵を握る物流

ＥＣ通販市場の規模拡大と構造変化にともない、クローズアップされてきたのが物流の重要性である。

そもそも宅配便の個数は年々増加しており、２０１８年度には43億個を突破した（図表11）。物流業界の慢性的な人手不足が重なった結果、現場では様々な問題が噴出。そのため、配送料金の値上げ、荷受け量の総量規制、時間帯指定配達の見直し、コンビニでの受け取りといった対策が取られた。

ＥＣ通販事業にとってとりわけ影響が大きかったのが、配送料金の値上げだ。これまで多くの事業者は重要な顧客サービスとして配送無料サービスを採用してきたが、配送料金の値上げをそのまま自社でカバーするとなればその分だけ利益が減少する。かといって安易に顧客に負担を求めれば、ライバルに顧客を奪われかねない。

事業者によって配送無料を継続するケース、不定期に配送料金のキャンペーンを設定す

図表11　宅配便取扱個数の推移

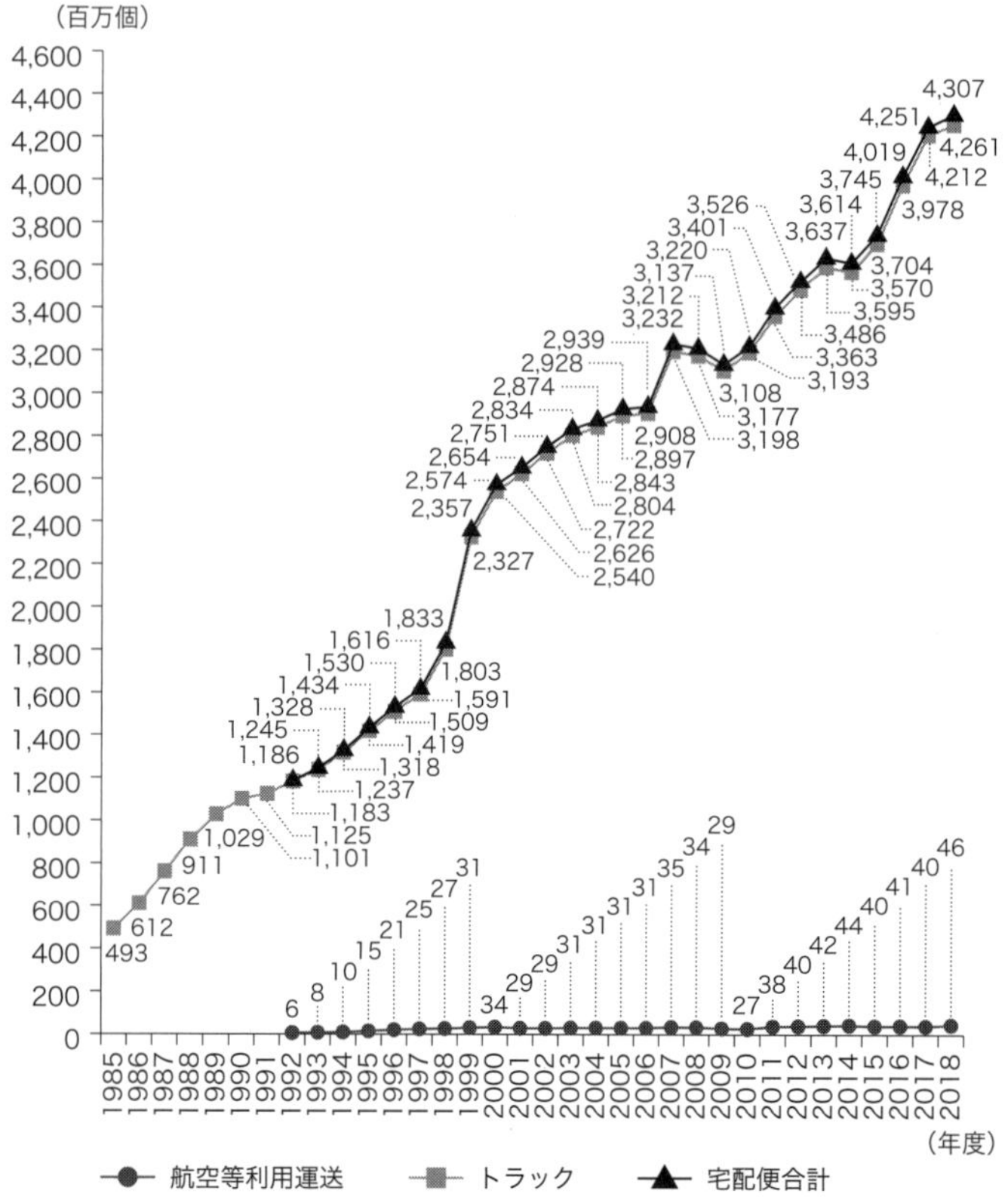

出所：「平成30年度宅配便等取扱個数の調査および集計方法」（国土交通省）

るケース、一定額以上の購入に限って配送無料とするケースなど、対応はまちまちである。

今後もＥＣ通販市場が拡大を続ければ、物流の問題は深刻化することはあれ、改善するとは考えにくい。ますます物流がＥＣビジネスの鍵を握る状況になるのではないだろうか。

プラットフォーマーが力を入れる独自配送網

最近は、アマゾン、楽天、ヤフーといったＥＣ通販の大手プラットフォーマーが一斉に、独自の配送網の整備に動いている。

まずアマゾンであるが、図表12はＥＣサイトで購入した商品の再配達管理などができるアプリ「ウケトル」が取得したデータから、アマゾンが利用している宅配キャリアの変化をグラフ化したものだ。

２０１７年４月のアマゾンは、ヤマト運輸を71・４％利用していたが、２０１９年５月では31・８％に減少している。一方で、日本郵便と佐川急便のシェアは、大きな変化は見られない。代わりに一気にシェアを拡大しているのが「Unknown」だ。「Unknown」とは、いったいどんな配送会社なのか。

アマゾンは宅配クライシスに対応して、２つの配送スキームで対応しようとしている。

ひとつは、2013年頃からスタートした「Amazonデリバリープロバイダ」だ。全国9社の地域宅配事業者と提携して、ラストワンマイルを委託する配送スキームだ。

もうひとつは2018年からスタートした「Amazonフレックス」である。軽貨物車を持っている個人事業主とアマゾンが契約し、決められたエリアを宅配してもらう配送スキームだ。これら2つが「Unknown」に該当する。

どちらもスタート当初は、配送トラブルが多かったが、経験を積むにつれてクオリティは上がっている。また、アマゾンは2019年7月から「置き配サービス」をスタートさせた。これにより注文者は配送時間を気にする必要がなくなり、ドライバーも不在時の再配達がなくなった。さらに、配達サービスの「時間指定が守れない」「配達時の応対が悪い」といった面も改善される。おそらく、今後さらに「Unknown」のネクスト・ラストワンマイルサービスによる配達が拡大していくのではないだろうか。

一方、楽天は2018年7月、「ワンデリバリー」構想を発表し、EC店舗向け総合物流サービス「楽天スーパーロジスティクス」や配送サービス「Rakuten EXPRESS」など自社物流機能の強化に取り組むことを宣言した。具体的には、「楽天スーパーロジスティクス」の物流センターを全国に拡大するとともに、楽天の購買データやAI技術の活用による受注予測、在庫情報の連携を通じた在庫配置の最適化により、配送スピードの向上お

図表12　アマゾンにおける宅配会社利用率の推移

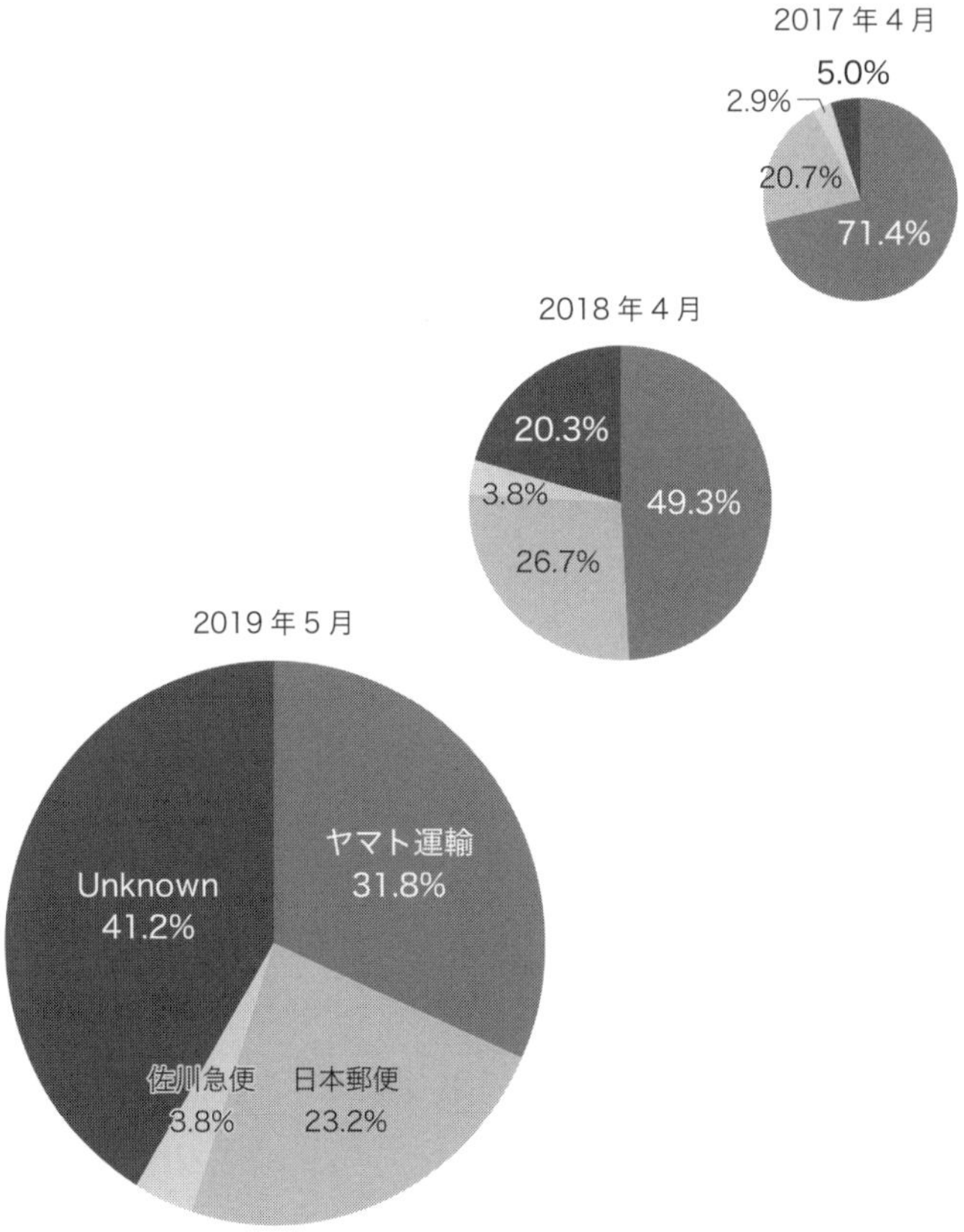

出所：株式会社ウケトル再配達問題解決アプリ「ウケトル」データより引用

よび倉庫作業コストと配送コストの削減を目指すという。

また、楽天独自の配送サービス「Rakuten EXPRESS」の配送エリアを全国主要都市へ拡大。受け取り場所や日時指定、配達スピードの選択肢の拡充や複数注文を一度にまとめて届けるなど、より利便性の高い配送の実現を図るとしている。

なお、同社は2019年9月、楽天市場において送料無料となる購入額を税込3980円以上で統一することを発表した。一部、出店事業者からの反発もあるが、アマゾンやヤフーへの対抗上、この「送料込みライン」は不可欠の流れであろう。

いずれにしろ、楽天では出店者の物流を「楽天スーパーロジスティクス」に集約し、ラストワンマイルの配送までを統合していくことを目指していくはずだ。

さらに、もうひとつの巨大プラットフォーマーであるヤフーは、アスクルへの経営参画強化やZOZOのグループ化、LINEとの経営統合、PAYPAYモール・PAYPAYフリマのスタートと、矢継ぎ早にアマゾン、楽天を追撃する手を打ってきた。その中にはもちろん、アスクルの自社配送スキームを活用したラストワンマイルの構築も入っている。

アマゾン、楽天の2強に対抗する巨大流通コングロマリットの形成が予測される。

配送キャリア同士の「しのぎ合い」も激化

EC通販におけるプラットフォーマー同士の物流戦略は、配送キャリアにも大きな影響を及ぼす。

2021年1月、東京都江東区で佐川急便の新しい物流センター「Xフロンティア」が全館稼動する。延床面積5万1700坪の巨大なセンターで、全国への輸送ネットワーク網の効率化を支えるインフラとなり、今後も増え続けるEC配送の物量に対応した中核センターとなる。これまで物量の拡大に消極的だった佐川急便も今後、精力的に案件の獲得に乗り出すことが予想される。

対するヤマト運輸は、2017年のいわゆる宅配クライシス以降、ドライバーの待遇改善（働き方改革等）や夕方以降に特化した配達員「アンカーキャスト」の採用など、配送インフラの整備を進めてきた。ところが、前述のアマゾンからの荷量の激減が影響し、全国の配送拠点を支える物量が不足している影響で、2019年4〜9月期に純利益が34億円の赤字となった。この物量不足解消のための営業強化が、重点課題になると予測される。

宅配クライシス以降、ヤマト運輸と佐川急便の宅配荷物を奪ってきたのが日本郵便だ。最近は、リピート通販企業を中心に3㎝以内の厚さで安く送れる「ゆうパケット」に宅配荷物を移し、そちらの荷量も増大している。

また、日本郵便は、メルカリとの提携が3大キャリアの中で最も進んでいる。「ゆうパケット」と「ゆうパック」の中間サイズで「ゆうパケットプラス」という商品をメルカリ専用で販売開始した。専用箱が65円（税込）、配送料金は375円（税込）という破格の値段で、24㎝×17㎝×7㎝（長さ×幅×厚さ）、重量2㎏以内に対応する。

配送キャリア同士のしのぎ合いも、ますます熾烈になりそうだ。

コロナショック下でも動き続けるEC物流の現場

なお、今回のコロナショックにおいては、全国に緊急事態宣言が出された。外出自粛要請のもと、EC物流の社会的存在感が高まったことは間違いない。

物流の現場は、テレワークで動かすことはできない。そのため、ウイルス感染対策がとりわけ重要となっている。海外では、韓国のソウル郊外にあるEC通販用の物流センターで新型コロナウイルスのクラスター感染が発生し、施設が臨時閉鎖されたケースもある。

筆者が管轄するメインの物流センターは浜松市にある。

もともとスズキ、ヤマハといった工場が多い都市であり、インフルエンザ対策で常に工

図表13 スクロール360浜松物流センターの様子

場内はマスク着用が義務付けられていたり、車社会のため電車を通勤に利用する人が少ないことなどが影響していると思うが、1000人にのぼるセンタースタッフには幸い一人の感染者も出ていない。

それでは、テレワークのできない物流センターにおいてどのような対策が講じられているのだろうか。筆者が管轄する物流センターの状況を紹介する。

まず毎日、社員は自宅で検温を実施し、自分と家族に異常のある者は出社できない。マスクについては、コロナ以前からインフルエンザ対策で全員着用を実施してきており、各自がマスクを備蓄している。

入場する際には手指のアルコール消毒を実施し、休憩タイムごとにも行う。換気は1時間おきに実施する。また、センター内でスタッフは名札のIDをリーダーに読み込ませてから作業に入るため、1日の間に複数の作業エリアで勤務してもログを追える。これにより感染者が出た場合でも、濃厚接触者が特定できるようになっている。

食堂での昼食は2班編成で、座るエリアを作業棟ごとに区分けし、両横と前を空けるチドリ格子型に着席することにしている。

入場する外部業者にもマスク着用とアルコール消毒は徹底してもらっている。そして、スクロール360の東京勤務者は、物流センターへの立ち入りは禁止、もちろん見学者も立ち入り禁止としている。

こうした対策によって、コロナショック下でもEC物流の現場は安全に動き続けているのである。

コロナ特需下の物流現場には一定の規模が必須

本章の冒頭でも述べたが、新型コロナの影響でECの受注が激増し、中には前年同月比6〜10倍の出荷となっているEC事業者がある。それでも物流センターが出荷を続けられるのは、ある程度の規模があるからだ。

例えば、1時間1000件の出荷を20人で行っている場合、6倍の6000件になると100人増の120人が必要になる。その物流企業が全体で100人規模だとすると、倍の人員を急遽採用しなければならない。そして、緊急事態宣言が解除され、店舗が再オープンし、出荷が減少したら、今度は増員した100人の雇用を心配しなければならない。

この点、筆者の管轄しているメインの物流センターには1000人を超えるスタッフがおり、あるクライアントの出荷増で100人の増員が必要となっても、出荷が落ち込んだ他のクライアントを担当していたスタッフを回すことで調整できる。

物流のアウトソーシングを検討する場合、その物流センターの規模を確認することは必須といえる。

第2章

EC通販の事業構造と成長ステップ

1 EC通販の事業構造

事業モデル、マーケティング、フルフィルメントの基本3要素

本章では、EC通販の基本的な事業構造を確認したのち、一般的な成長ステップやそこでの失敗例を説明する。これからEC通販業を始めようという方も、すでに取り組んでいるものの思うような成果が出ていないという方も、本章においてEC通販の全体像を把握していただきたい。

まず、EC（electronic commerce）とは、インターネットを活用した様々な商取引のことである。今回のコロナショックでは、飲食店などこれまではせいぜい予約くらいにしかECを使ってこなかった業界でも、ECによる持ち帰りや配達需要の取り込みに一斉に舵をきっている。

EC通販とは、ECのうち特に物品の通信販売業のことであり、その事業構造は基本的に共通している。すなわち、「事業モデル」「マーケティング」「フルフィルメント」の3つの主要要素から構成されるビジネスといえるだろう（図表14）。

図表14 EC通販の事業構造

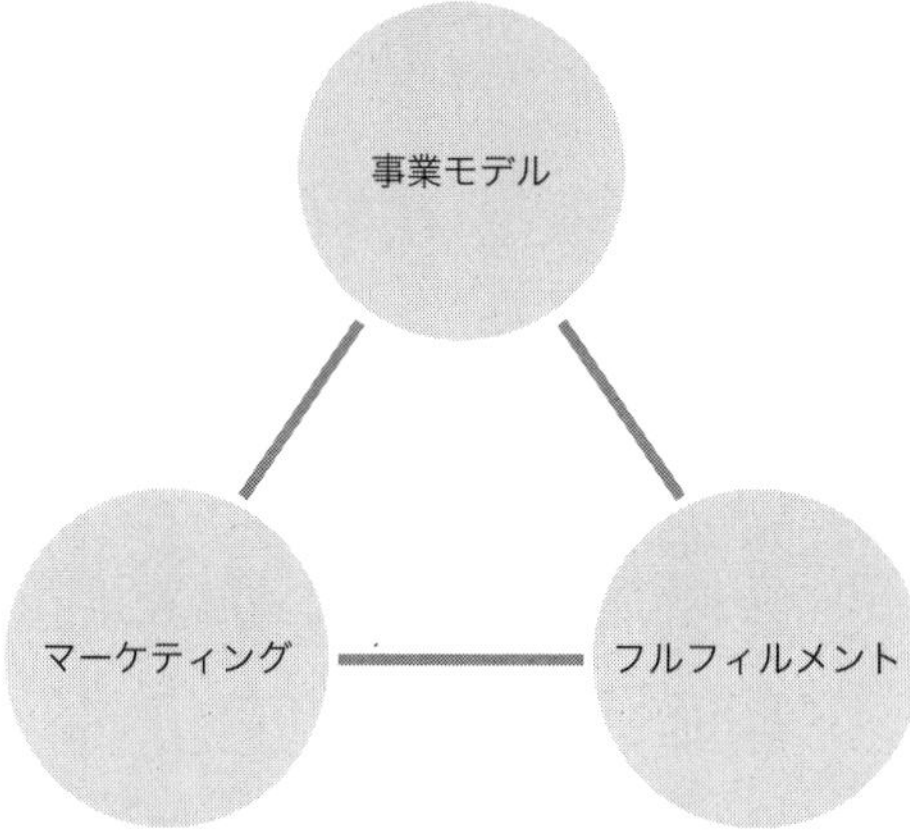

「事業モデル」とは簡単にいえば、どういう顧客層に、どういう商品を、どのように提供していくかということだ。かつては、ヒット商品さえうまく開発できれば、あとはスムーズに売上も伸びた。しかし、現在のEC通販市場ではライバルがひしめいており、商品だけでなく、顧客層にしても、提供方法にしても、絞り込みと工夫が欠かせない。また、それらを組み合わせた「事業モデル」の独自性がますます求められている。

「マーケティング」も同じである。EC通販におけるマーケティングでは、インターネット上でのWEBプロモーションが中心になり、以前は検索で上位表示されるためのSEO対策やSNSでの話題作りが重視されてきた。いまでもそうした施策の重要性は変わらないが、様々なツールやノウハウが普及するにつれ陳腐化している面があることは否めない。

これまでと同じようなマーケティングを続けていると、いつの間にか競合他社に競り負け、売上や利益を落とすケースが増えている。

「フルフィルメント」については、大手プラットフォーマーが最近、独自の配送網の構築にしのぎを削っていることからも分かるように、その重要性が増している。バックヤードのルーティン業務という捉え方ではなく、むしろ「事業モデル」や「マーケティング」と連動させた取り組みが求められているといえるだろう。

これら3つの要素は当然、密接に関連しており、それぞれのEC事業者の強み、弱みに直結する。逆に言うと、この3つの要素それぞれにおいて、また3つの組み合わせやバランスにおいて、どのように差別化を図るかがこれからの時代において、EC通販事業で成功するかどうかの鍵を握っている。

2　年間売上10億円までの4ステップ

楽天で年間売上10億円超はわずか100社

ＥＣ通販では、年間売上高が10億円未満の事業者（ショップ）が圧倒的に多い。楽天市場には約４万店が出店しているが、そのうち年間売上が10億円超は１００社くらいしかないといわれる。

また、売上10億円未満の中にも、創業からまだ日が浅く年間売上が数千万円クラスのショップもあれば、２〜３億円くらいのショップ、10億円が目の前というショップもある。

筆者のこれまでの経験上、ＥＣ通販事業には成長のプロセスがあり、ステップに応じて共通の課題が存在する。

具体的には、売上規模の応じて次の４つのステップに筆者は整理している。

重要なことは各ステップにおいて、次なる進化のための手を打っていかないと、大きく壁にぶつかってしまうということだ。ここでは特に、ＥＣモールへの出店を中心に成長していく場合の課題と対策を解説していく。

【創業期】

まず、年間売上高5000万円未満は、ネット通販事業者としては「創業期」といえる。この段階では、中小企業や個人はモール出店型が圧倒的に多い。中でも、楽天市場からスタートするケースが目立つ。

「創業期」における日常業務は通常、中小企業や個人はもちろん、大手企業のネット通販部門であってもほぼ手作業であり、限られた人員でMD（商品戦略）からプロモーション、受注処理、出荷、経理までこなさなければならない。

現場の業務はそのようにローテクであっても、自社サイトの継続的な改良、商品ラインアップの充実、プロモーションの工夫などフロントヤードの強化にきちんと取り組めば、着実に売上は伸びていくだろう。

この時点では受注処理も物流も、運営者自身が体験することが重要といえる。「何をすると顧客は喜び、何をすると怒り悲しむか」を肌で感じることで、顧客とのコミュニケーションの仕方を体得することができる。

注文客に「感謝のメッセージカード」を商品に同梱するなど、レビューの点が上がる方策をいろいろと試してみるのがお勧めだ。

【育成期】

ＷＥＢプロモーションの効果などで売上が増え、年間売上高が５０００万円から1億円程度になると、「育成期」に入る。

1日の受注は40〜80件となり、２〜３名のパートを雇い、受注処理と出荷業務に追われる段階だ。毎日、目の前の業務をこなすだけで精一杯になる。

この段階でそろそろ、受注から出荷まで日々の業務にルールが必要となる。例えば、次のような点だ。

・当日何時までの注文を当日中に出荷するか
・注文キャンセルの受付はいつまでか
・サンキューメールのタイミングをどうするか
・ギフト加工の受付はＯＫか

この育成期にしっかりとしたルールを決めておかないと、将来、スタッフが増えるにつれてサービスレベルがバラバラになってしまう。また、業務の一部をアウトソーシングするとき、細かいルールがないとアウトソーシングそのものができない。

マルチドメイン・システム（多店舗対応システム）の導入も考えるべきタイミングだ。

楽天市場にだけ出店しているうちはよいが、Yahoo! JAPAN、Amazon.co.jpなどマルチドメインになると、商品の出品、受注データのダウンロード、在庫データの確認などモールごとの対応が必要になる。多店舗対応システムを導入すれば、そうした対応は一気に解決する。

このタイミングで多店舗対応システムを入れないまま、出品する商品と売上が拡大し、年商10億円以上の規模になったECショップから何回か筆者は相談を受けている。そういうケースでは、モール毎に担当者がいて、モール毎に運営ルールが違うようになってしまい、在庫管理が連携されていないためエクセルシートで管理しているというような、悲惨な状態になっていることが多い。これを正常な形に直すには、大手術を実施しなければならない。

業務のルール化や見える化が進まず、時間が経てば経つほど売上の伸びに応じたシステム導入やアウトソーシングが難しくなっていく。そして、担当者が病気やケガで休むとたんに担当しているサイトやモールの業務に支障が出る。

「育成期」ではEC通販業としての基礎固めが重要であり、さらに成長を続けていくことができるか、それとも頭打ちで衰退していくかの分かれ目となる重要なタイミングだ。

なお、図表15に主な多店舗対応システムの一覧を挙げておく。

ちなみに筆者の所属するスクロール360のマルチドメイン・システムが「eシェル

図表15 主な多店舗対応システムの主要サービス比較

マルチドメイン・システム サービス概要一覧

システム名		ネクストエンジン	CROSS MALL	eシェルパモール 2.0
会社情報	社名	Hamee(株)	(株)アイル	(株)スクロール360
	URL	http://next-engine.net/	http://cross-mall.jp/	https://lp.scroll360.jp/e-sherpamall/
実績	導入実績	約4000社 (2020年6月時点)	非開示	300社以上 (シリーズ累計)
	得意な商材	ジャンル問わず	アパレル、雑貨、スポーツ用品等	化粧品・健康食品
特徴	メリット	業界シェアNo.1 アプリで機能拡張が可能	在庫・商品・受注に加え、発注/仕入まで一元管理可能	カスタマイズ可能 BPOが充実(受注、物流、決済の委託可能)
	デメリット	システム自体のカスタマイズができない	商品点数と利用店舗数に応じて課金額が上がる	受注・商品点数が多いと課金額が上がる
カスタマイズ対応		△ 外部パートナーがアプリを制作	○	◎
標準機能	商品管理	○	○	○
	受注管理	○	○	○
	在庫管理	○	○	○
	在庫連携間隔	10〜15分	5〜10分	5分
コスト	無料体験	30日	オンラインデモ (訪問)可能	あり
	初期費用	0円	0円	基本設定費10万円
	月額費用	1万円〜(2年目以降年間保守費1.5万円)	5000円〜	4万円〜

出典:各社ホームページより

パ・モール」だ。
筆者の経験では、ＥＣ事業者は他社との差別化のために様々な施策を行っており、成長に応じてカスタマイズが必ず発生する。そのため、「ｅシェルパ・モール」は様々なＥＣ事業者の要望によりカスタマイズが可能な点を特長としている。

【成長期】

年間売上高が1億円を超えると「成長期」に入り、事業の伸びに勢いが出てくる。マルチドメイン出店では、同じ商品やコンテンツで売り場が増えるため売上は増加する。マルチドメインをさらに加速することで売上高5億円くらいまで一気に拡大することも可能である。

筆者は、このタイミングで受注処理と物流を専門のソリューションプロバイダーにアウトソーシングすることをお勧めしている。それにより、商品開発や出店戦略といったコアな業務に人的リソースを集中し、成長を加速していくためだ。

育成期に導入した業務のルール化と多店舗対応システムがあれば、アウトソーシングは容易である。今回の新型コロナによってテレワークを実施し、社員が出社しないという状況でも、ルーティン業務がしっかり回り、事業のストップを免れたのは、アウトソーシングをすでに完了していた企業であった。

【安定期】

年間売上が5億円を超え10億円くらいになると、「安定期」に入る。

事業のスタイルや業務のサイクルが固まり、毎月1万件以上の受注を安定して処理することができる。仕入れ担当、販売（プロモーション）担当、業務（CS）担当とセクションが分かれ、組織体制も整備されているはずだ。

あとは数値目標を明確にし、セクションごとにKPIを設定し、PDCAを回していくマネジメントに集中すればよい。

この段階の課題としては、仕入型のMD（商品戦略）から、OEMを使った自社オリジナル商品の開発にシフトすることが挙げられる。ナショナルブランドを仕入れるビジネスモデルは、競合店との価格競争に陥りがちで、売上は増えても利益が出ないケースが多い。安定して売れる商品をOEM生産することで原価率の改善ができる。

以上、年間売上高10億円までの発展段階を整理したのが図表16である。

図表16　「売上10億円」までの発展段階に応じた課題

	創業期	育成期	成長期	安定期
売上規模（年商）	0～5000万円	5000万～1億円	1億～5億円	5億～10億円
月商	0～500万円	500万～1000万円	1000万～5000万円	5000万～1億円
1カ月の受注件数（オーダー＠5000円）	0～1000件	1000～2000件	2000～1万件	1万～2万件
1日の受注件数	0～40件	40～80件	80～400件	400～800件
キーワード	家内制手工業 ほぼ手作業	工場制手工業 システム導入	工場制機械工業 アウトソーシング開始	会社組織化
動き	楽天に出店	マルチドメイン開始	マルチドメイン加速	自社オリジナル商品
イベント	ECサイトオープン！ 初受注に感動！	売上拡大で受注処理・出荷に追われる	物流＆受注処理アウトソーシング開始	
従業員数	社長1名	2～3名	正社員3名	
悩み・課題	• 売上アップの方法は？ • 一人ですべての業務をこなすため忙しい（MD、PR、受注処理、出荷、経理など）	• パートを導入（分業開始） • ルールが必要（サービス面、受注～出荷手続き） • 儲かっているか分からない • 多店舗システム導入の時期	• 業務系の正社員が必要（受注対応、システム構築、物流コントロール） • 物流アウトソーシングが必要	• モール出店の限界（自社サイト立ち上げ、クロスメディアの推進） • 会社組織化（給与体系、目標設定・評価、人材教育、コンプライアンス）

3 EC通販でよくある失敗ケースに学ぶ

トップのちぐはぐな指示に振り回される

本章の最後に、EC通販でよくある失敗ケースをいくつか紹介しておきたい。

まず、メーカー系であるのが、上層部のちぐはぐな指示だ。「同業他社がEC通販をやっているからうちも」ということで指示が出る。指示を受けた担当部署では、とりあえず社内でITに詳しそうな社員を集めて「ネット通販用のサイトをつくってくれ」と指示する。そうした社員は確かにITに詳しいかもしれないが、EC通販に詳しいわけではない。とりあえず、おしゃれなサイトをつくって商品を並べるが、売上が伸びない。少ない注文を賃料の高いオフィスで、人件費の高い社員が出荷したりしている。

上層部はさらに、「SNSで売り上げを伸ばすのがトレンドらしい」などと口を挟んでくる。こうした指示に場当たり的に対応していくうち、サイトは分かりにくく、プロモーションは一貫性がなく、物流は高コストのまま、なかなか黒字化できないことになる。

リアル店舗の経験から安易に考えてしまう

リアル店舗を持つ小売系もいまやEC通販に力を入れている。しかし、リアル店舗の経験から、EC通販も簡単にできると考えがちな点が落とし穴になる。

あるホームセンターでは、ネットで注文が入ると、店舗スタッフが売り場を回ってピッキングしていた。しかし、倉庫と違って売り場でのピッキングは効率が悪い。注文時に在庫システム上あったはずの商品が、その後、来店客が買って欠品になっていたりする。

注文品が一部足りない仕掛り状態の段ボール箱が事務所の壁際にずらりと並び、次の入荷を待っているうちに1週間くらい経つこともある。注文客からは問い合わせやクレームの電話が増える。担当者は電話の対応に追われ、売上を増やすどころではなくなる。

リアル店舗とEC通販では、物流の流れは異なる。安易に一緒に処理しようとすると現場が混乱するだけで採算には乗らないし、自社のイメージダウンにさえつながってしまう。

売上が伸びて業務が回らなくなる

ECモールに出店している個人商店や中小企業の場合、売上が伸びるのはよいのだが、それに伴い業務量が急激に増大し、業務が回らなくなるという失敗がいまだに多い。

個人商店は基本的に事業主が自らサイトをつくり、メルマガを配信し、問い合わせがあればメールで返事も出す。在庫管理やピッキング、出荷などの業務も自分で処理する。

しかし、受注数が増え、一般的に出荷数が1日50件、月間1000件を超えてくると、事業主1人だけでは処理しきれない。

そこで、家族やパートを動員して対応することになるが、慣れていないしモチベーションも高くなく、ミスも多くなり作業効率が思ったようにあがらない。それでもなんとかこなしているうち、事業主がケガや病気で倒れたり、連休明けに注文が集中したりするとついにパンクしてしまう。出荷停止、販売中止、ネット炎上といった事態に陥ってしまう。

仕組みやルールの整備が遅れている

EC通販では売上が伸びるにつれ、様々な仕組み化やルール化が必要になる。仕組み化やルール化がスムーズにできないと、EC通販事業を伸ばしていくことはできない。

例えば、出店しているECモールのイベントセールに参加するため目玉商品を大量に仕入れたものの、受注管理システムにおいてセールス用の商品名とメーカーから入荷した商品名が一致せず、倉庫での検収業務が混乱して出荷の大幅な遅れになったりする。

事前に商品名を統一しておけばいいが、メーカーに出荷伝票などの商品名を自社向けだけ変更するよう依頼することはまず無理だ。自社の受注管理システム上の商品名を変更するしかないが、そうなると従来の売上数などが引き継がれずECモール内での検索順位が下がってしまう。

あるショップでは、サイト上で「受注から2日以内に発送」としていたが、早く届けたほうが喜ばれるだろうとスタッフ総出で当日発送に励んでいた。しかし、年末に受注が集中した途端、1週間ほどかかるケースも出てきて、翌日着が当たり前と思っていたリピート客からクレームが殺到。上得意が一斉に離れてしまった。この場合、サイト上の表記と実際の配送期間を一致させることの重要性に気づいていなかったのだ。

別のショップでは、出荷をベテラン担当者が一手にこなしていた。出荷数が1日100件を超えても、商品名を聞いただけでどの棚にあるのか瞬時に判断してピッキングしてくる。こうした職人技はすごいが、もしその担当者が病気で休んだり、何らかの都合で退職したらどうなるのか。出荷量が倍になったとき、同じような担当者を確保できるのか。

立ち上げ当初は個人に依存する面はあるにしても、業務の仕組みやルールの整備はいずれ避けられない課題である。

第3章

アフターコロナの EC通販戦略設計

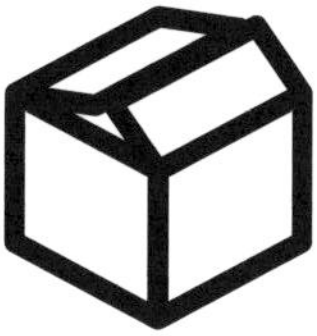

1 ECは顧客体験を最高のものにする手段

これまでのECとこれからのEC

1995年にウィンドウズ95が発売され、PCでのネット接続が簡単に行えるようになると、インターネットの普及が始まった。

1996年には国内初の商用検索サイト「Yahoo! JAPAN」がスタート。翌97年にインターネット・ショッピングモール「楽天市場」がオープンし、日本でもEC通販の幕が開いた。さらに、2000年には「Amazon.co.jp」が書籍の販売を中心に開始し、CD・DVD、家電、おもちゃ・ホビーと取扱商品の幅を広げていった。

1990年代後半から2000年代のEC通販黎明期、2010年代のEC通販成長期を経て、2020年代の現在、EC通販は新たな局面を迎えている。

EC通販は単に、モノを買う場所ではなくなっている。今日は何個売れたのかという点だけにとらわれていると、アフターコロナの2020年代以降を生き残っていけない。

購入体験から顧客体験への本格的な変化

ある顧客が、初めてキャンプに行くため「テント」を買おうとしたときの行動を考えてみよう。

1990年代、EC通販がまだ一般的ではなかった時代には、アウトドア初心者にとってどんなテントを買えばいいのか、いくらで売っているのか、テントを買ったあとの使い方はどうすればいいのか、全くといっていいほど分からなかっただろう。

そこで、車でアウトドア用品店に行き、テント売り場を眺める。手にとって、肌触りや重さを確かめ、「これなら風雨にも耐えられそうだな」と思う。

しかし、夜はテントだけだと寒そうだ。寝袋も一緒に買わないといけないのかどうか、判断がつかない。値札を見ると、テントは5万円、寝袋は1万円だ。

店員に声をかけ、初めてのキャンプでどんなテントを買えばいいのか、他には何が必要なのかを聞いて、最低限必要そうな用品を購入し、店をあとにする。テントの組立と設置は、商品に同梱されている説明書を見れば分かると説明を受けた。

このとき店舗が提供している価値は、「陳列」「使用感の確認」「商品選定アドバイス」「商品の購入」である。

時代は移り、2000年代から2010年代になると、次のように変わった。Google検索で初心者向けのテント情報を解説している個人ブログを探し、商品を購入する前に一定の事前知識を身につける。3万円程度でテントが買えること、河原だと石がゴツゴツしているためテントの中に敷くマットも買った方が良い、ということも知った。Amazonにアクセスし、「テント」と検索する。商品画像が気になった3万円のテントと5万円のテントを見て、せっかくだからより気に入った5万円のテントを買おうと決める。過去に購入した人のレビューの点数も良いので安心だ。同時購入を促すレコメンドに表示されていたマットと寝袋も、一緒にカートに入れて購入完了。

このとき、店舗（EC通販）が提供している価値は、「陳列」「（他者の）使用感の確認」「商品選定アドバイス」「商品の購入」だ。一部の価値は、店舗の手前のブログなどの情報サイトに移っている。

2020年代、EC通販が提供する中枢価値はもはや「商品の購入」ではない（図表17）。「顧客体験（CX：Customer Experience）」である。データもツールも整い、「商品を

図表17　年代別の購入チャネルと主な提供価値の変化

	チャネル	主な提供価値
1990年代	実店舗	商品を実際に見て購入
2000年代	EC通販	近隣の実店舗にない商品の購入
2010年代	EC通販	より便利に購入
2020年代	EC通販＋メディア等	商品を通した顧客体験

通して、顧客が求める体験を提供する」ことができるようになった。

友人がインスタグラムに投稿したテント画像を見て、おしゃれだなと思っていた。Google検索で初心者向けテント情報を掲載しているアウトドア用品店の公式サイトを探す。３つほどサイトを見て回り、テントの使い方が丁寧に解説されていたサイトに戻り、サイト内にあるテントの商品ページに移動する。購入者のレビューを見ながら、テントをひとつ選んでカートに入れ、レコメンドされていたマットと寝袋も一緒にカートに入れて、購入完了。

商品到着から１週間後の金曜日、店からメールが届いた。「今週末にキャンプに行く方へ、テントの組み立て方解説動画のご案内」

という件名だ。キャンプ当日はその動画を見ながらテントを組み立てたので、スムーズに楽しくキャンプができた。

キャンプから帰った週明けの月曜日、またメールが届いた。今度は「テントの組み立てでお困りはありませんでしたか？　次回はさらにレベルアップして小型ガスバーナーコンロも持って行って、キャンプご飯をもっと楽しみませんか」という内容だ。たしかに隣のテントでは朝、おいしそうなコーヒーを淹れていて羨ましかった。さっそくキャンプ用品を追加で3点購入した。

このとき、店舗（EC通販）が提供している価値は商品購入にとどまらない。商品はあくまで手段であり、「キャンプを楽しむこと」を支援しているのである。

全体最適化とワン・トゥ・ワン

CX（Customer Experience）の最大化はどうすれば実現できるのか。その鍵は「全体最適化」と「ワン・トゥ・ワン」にある。

「テントを買いたい」といっても顧客の具体的なニーズは、1人でキャンプに行きたい、家族で日帰りバーベキューをするための日除けとしてテントを使いたい、冬に1週間の登山をしたいなど様々だ。しかし、ＥＣ通販事業者が一人ひとりに対応することは簡単ではない。どこまで全体的な案内を行い、どこから一人ひとりに寄り添った価値提供に切り替えるのか。

例えば、購入者レビューにおいて、冬山での感想ばかり載せていては日帰りでテントを使いたい人の参考にはならない。一方、点数が高いレビュー順に表示したり、平均点を表示したりすることで全体最適化を図ると、顧客一人ひとりにまでは寄り添えない。

そこでワン・トゥ・ワンとして、別の仕組みも使う。サイト内の冬山のページを1分以上見ていた顧客には冬用テントの案内メールを送る。そのメールをクリックしたものの購入に至っていない顧客には割引クーポンを送る。その顧客がクリックした冬用テントのカラーバリエーション画像も一緒に掲載する。

性別や家族構成などの「属性」と閲覧ページや購入履歴などの「行動」、この2つを細分化し、組み合わせていくことで、全体から特定のセグメント、そしてワン・トゥ・ワンへとターゲットの解像度を上げていく。それによって、顧客が求める体験を現実のものにしていく。結果として、売上が伸びていくはずだ。

ただし、こうした取り組みを自社のみで実現していく難易度は非常に高い。本章ではこれらを実現していくための方法を解説したい。

2　顧客理解を深める

顧客体験を最高のものにする第一歩

ＣＸを最高のものにするためには、「顧客を知る」必要がある。最も重要なことだが〝顧客を知ったつもり〟になっているだけのケースがとても多い。

「初夏に安い２人用テントを買った東京都在住の30代男性」がいたとしよう。これは注文データにおける購入日時、購入商品名、商品価格、お届け先住所、購入者名、任意入力欄での性別で簡単に分かることだ。

・安いテントだからきっと初心者に近いのだろう
・友人や恋人とキャンプに行くのではないか
・そうだとしたら、アウトドアで便利なコンロも紹介した方が良いのではないか

雑に考えると、このような想像ができる。

しかし、実は「野外音楽フェスティバルに毎年行っていて、キャンプ慣れしているから安いテントで十分。野外音楽フェスティバルでは、現地で売られている屋台で食べること

を楽しみにしている」という人だったら、コンロの紹介は的はずれだろう。それより軽量のアウトドアチェアを紹介した方が良い。野外音楽フェスティバルでは離れているステージ会場を行き来することが多いため、持ち運びが楽な椅子を持っていくと便利だからだ。

このようなことは、そこかしこで起きている。少しでもこういう〝望ましくない〟顧客体験を減らしていけるかどうかが、ＥＣ通販事業者としての腕の見せどころだ。

もちろん、顧客全員を知ることはできない。２０１０年代までは、それもしかたないという環境だった。だが、様々なツールやＡＩが整ってきた。成熟してきたＥＣ通販市場において、これからは社内外の人材とツールをフル活用し、最高の顧客体験を実現できる事業者が大きく成長していく。

グループインタビューで顧客を知る

初めて商品が到着し、使用を始めた顧客が、何に困っているのか、どんな情報を必要としているのか、さらになぜ解約・離脱するのか、あまりにも分かっていないＥＣ通販事業者が多い。

自社の顧客の心理が分かっていないので、「この施策をやろう」「こんなメッセージを入れよう」と工夫してみても、本当に必要なものが顧客には届かないまま、読みもしないチラシが溢れ、ゴミ箱に直行しているケースを何度も見てきた。

ＥＣ通販を始めてみたものの継続率が上がらない、なかなか利益が出ないといった事業者はぜひ、マーケティング調査の基礎から始め、顧客像とその購買心理をしっかりつかんだうえで、施策の改善に取り組んで欲しい。

その第一歩となるのが、グループインタビュー（ＧＩ）だ。

２０００年代、筆者がスクロールのマーケティング課にいた頃、一番多用したマーケティング手法がグループインタビューだった。

業績が芳しくなく、売上が低迷しているカタログ媒体のどこが悪いのか、他社とくらべての評価はどうなのか、といったことがてっとり早く解明できた。

自社のカタログを愛用しているユーザーを5〜6人集め、インタビュールームでその人たちのプロフィール、購買行動、カタログの評価、他社のカタログの評価等を3グループに分けて聞き、カタログに関する購買心理を深掘りしていったのだ。

ところが、最近のＥＣ通販事業者は、意外にグループインタビューのやり方を知らない。そのため弊社では、グループインタビューの運営代行を始めた。

グループインタビューの目的

グループインタビューの目的とやり方は、「何を明らかにするのか？」によって変わるが、ここでは具体的に、乳幼児向けの健康サプリを扱っているリピート通販事業者の事例をもとに解説する。

まず、グループインタビューの目的である。この事業者の場合、次の3つが挙げられる。

第一は、顧客のプロフィールを明らかにすることである。乳幼児向けの健康サプリは、使用するのが乳幼児で、購入するのが親というように、使用者と購入者が分かれている。この両者のプロフィールを把握しなければならず、それをもとにペルソナやカスタマージャーニーを設定していく。

第二は、顧客の購買心理を明らかにすることだ。購入（主に親）だけでなく、使ってみての感想や商品理解度（親子それぞれ）、そして退会の理由などを細かく確認していく。その分析によって、サイトの表現からパッケージのデザインまで、マーケティングの様々な施策を見直していく。

第三は、同梱物への評価である。これまでも様々なパンフレットやサポートグッズなどを毎月の配送で同梱しているが、実際に顧客が読んだもの、使ったもの、高評価なものはどれで、逆に記憶にないもの、なくても良いもの、むしろないほうが良いもの、などを明らかにすることだ。

予めこうした目標を明確にしないと、グループインタビューの具体的な実施方法や実施後の分析の方向性が定まらない。

グループインタビューの参加者募集

グループインタビューは通常、1グループ数名に2時間くらいかけて質問していく。グループ数はケースによるが、1～2グループでは少なすぎるし、5グループ以上というのも準備や分析の負荷が大きくなる。筆者の考えでは、EC通販事業では3グループがちょうどいいと思う。3グループなら、余裕をもって1日でインタビューを終えられる。

ポイントは、グループ分けだ。ランダムに3グループ集めるのではなく、顧客のタイプで分けるのがよい。事例のケースでいえば、継続して1年以上購入している「ロイヤルカスタマー」、新規購入してまだ1カ月以内の「新規定期購入者」、定期購入していたものの1カ月以内に止めた「退会離脱者」という3グループに分ける。

1グループ6名として、募集目標は6名×3グループ＝18名となる。募集をかけるエリアは、開催するインタビュールームにアクセスが可能なエリアであり、東京・銀座でグループインタビューを行う場合は、東京、神奈川、千葉、埼玉といったエリアからの募集になる。

かつて、募集や参加申し込みの受付はすべて郵送で行っていたが、今ではメールベースでの処理が可能である。ただし、EC通販事業を始めたばかりだと、対象とするターゲットが足りず、人数が集まらないケースがあるので注意が必要だ。

募集人数に対して何人にメールアウト（発送）するかは、事業者によって異なる。メールによるコミュニケーションやポイント施策を行っている場合はメールアウトの10％前後の応募があるが、あまりコミュニケーションをとっていない場合は1％未満になることもあり、そのときは多めのメールアウトが必要となる。

次にスケジュールだ（図表18）。一般的なスケジュールとしては、開催日から2カ月さかのぼった時点からの募集となる。

スケジュールの中でポイントは事前アンケートだ。当日は2時間くらいの中で質問できることは限られるため、プロフィール全般に関しては事前にアンケートで確認する。こちらも現在は、WEB上で回答画面に打ち込んでもらえば、簡単に回収・集計が可能だ。

図表18　グループインタビューの実施スケジュールの例

1月上旬	メールにて募集開始 ⇒グループ毎に文面を変える ⇒グループ毎に申込画面のURLを変える
1月中旬	募集から2週間で申込み締切 ⇒人数が足りない場合は追加メール
1月下旬	当選or落選メール ⇒同時に事前アンケートの依頼＋URL
2月下旬	開催 ⇒前日にリマインドメール
3月中旬	レポート＆CRM強化ポイントまとめ

グループインタビューの実施

グループインタビュー用の時間貸しの施設は都内各所にある。

インタビュールームの壁は一般にマジックミラーで仕切られており、調査者は後ろの部屋で発言者の表情まで見ることができる。

グループインタビューでのヒアリング項目は、目的やテーマによって変わるが、この事例では定期購入者の購買心理と同梱物の評価を明らかにすることが目的である。例えば、購入後1カ月以内の新規定期購入者グループに対するヒアリング項目は、プロフィールの確認の後、商品の購入前と購入後の心理、同梱物の評価、今後の商品開発について、販売方法への意見、というように続く（図表19）。

これに対し、ロイヤルカスタマーに対するヒアリング項目では、「どこが気に入って1年以上使っているか？」が入り、退会離脱者に対するヒアリング項目では、「どこが気に入らなくて退会したか、何がトリガーか？」といった点が入る。

図表19　新規定期購入者グループへのヒアリング項目例

1. プロフィール確認
   1) 住所、氏名、家族構成、職業（その他の項目はアンケートで捕捉）
   2) 普段お使いの通信手段（ガラケー、スマホ等）
   3) 利用しているSNS
2. 商品購買心理（購入前）
   1) どこで商品を知ったか？（誰から？）
   2) なにに魅かれたか？
   3) 誰かに相談したか？ NETで評判を調べたか？
   4) 決め手となったのは？
3. 商品購買心理（購入後）
   1) 商品が届いたときの印象は？
   2) 使う前になにが不安だったことはあるか？
   3) 使い始めの印象は？
   4) 使い続けて何週間（or何日）たっているか？＝使うのをお休みしたことはあるか？ その理由は？
   5) 今後の利用継続の可否
4. 同梱物の評価⇒初回に入っていた同梱物を提示
   1) この中で読んだものはどれですか？
   2) この中で役にたったものはどれですか？
   3) 印象に残っているものを教えてください。
   4) 記憶に残っていないものはどれですか？
   5) 今後、乳幼児向けサプリに関してどんな情報が欲しいですか？
5. 今後の商品開発について
   1) 今後、どんな商品があったら良いですか？
   2) それはいくらくらいの値段が希望ですか？
6. 販売方法についての意見
   1) 定期購入に関して不満やご意見はありますか？
   2) 購入パターンに関する希望があれば
7. その他希望等

インタビューの分析からCRM設計へ

グループインタビューの内容を分析すれば、CRM（Customer Relationship Management）のヒントが得られる。

この事例の場合の退会理由として、以下の2つが浮かび上がった。
①平日の朝は忙しく、飲ませるのを忘れることが多い。そのため、朝夕2回の錠剤が1カ月経つと30錠ほど余ってしまい、休会から退会につながってしまう。
②乳幼児向けという効能から、子どもが小学校に入る頃になると不要と考え退会する。

これらの退会理由を受けて、2つのCRM強化策の方向が決まった。

ひとつは、朝、飲み忘れても夕飯前後に2回分、飲めば大丈夫であることを伝える。そのため、先輩ママからのアドバイスを載せたチラシを初回から3回にかけて同梱することとする。

また、小学生になってからのお悩み解決のサプリを開発し、小学校入学前後にそちらへの切り替えを提案するようにする。

実際にはより多くの改善点が発見でき、継続率を高めるための施策が可能になるだろう。

なお、こうしたグループインタビューについては、弊社マーケティング・チームが目的の擦り合わせから、グループのセグメント案、スケジュール設定、事前アンケートとインタビュー項目設計、会場設定、司会担当までサポートしている。

ペルソナの設定とカスタマージャーニーマップの作成

CRMの方向性が固まれば、次に行うのは「ペルソナ」の設定と「カスタマージャーニーマップ」の作成だ。

「ペルソナ」とは、自社の商品やサービスの典型的なユーザー像のことだ。いわゆる「ターゲット顧客」よりもっと具体的に、年齢、性別、住所、職業、役職、年収、趣味、特技、家族構成、住宅の種別、休日の過ごし方、生い立ち、ライフスタイル、価値観など細部まで設定し、具体的な名前をつけることも多い（図表20）。

「ペルソナ」を設定する目的は、顧客ターゲットのイメージを統一することだ。

例えば、サイトデザインにおける色調や文字のフォントなどを統一することを「トーン&マナーの設定」「トーン&マナーのルール化」という。サイトだけでなく、商品を梱包する箱、箱の中の挨拶状、同梱チラシまで、全てが商品であるというのが筆者の考えであ

図表20　ペルソナの設定例

- 性別：女性
- 年齢：29歳
- 居住地：東京都世田谷区
- 家族構成：2LDKのマンションに夫と1歳の娘と3人暮らし
- 世帯年収：1200万円
- 仕事：TV通販会社勤務（育休中）
- 情報収集：先輩ママや子育て系アプリ
- 利用デバイス：iPhone10
- インターネット利用：主に通勤時間と夜にスマホ利用
- 子ども用定期購入品：こどもちゃれんじ
- 心配事：子どもの教育と健康、自分のやり方があっているのか不安。先輩ママの意見をたくさん知りたい。
  育休から復帰した後、十分に子どもとの時間が取れるか不安。

り、イメージを統一する必要がある。

顧客のプロフィールが曖昧なまま、こうしたトーン＆マナーを決めると、CRMが的外れになりかねない。例えば、グループインタビューでヒアリングした顧客のほとんどが、無印良品系の色合いが好きだと言っているのに、実際の商品のトーン＆マナーがフランフラン系だったとしたらどうだろう。また、クリエイティブを作成するセクションが分かれていると、バラバラなクリエイティブになりがちだ。これらの問題を「ペルソナ」の設定と共有によって乗り越えるのである。

「ペルソナ」の次は、「カスタマージャーニーマップ」の作成だ。カスタマージャーニーは「顧客の旅」という意味である。マーケティングにおいては、顧客の中に何らかのニーズ

（悩み）が生まれ、それを解消する商品やサービスを探し、候補を比較検討して絞り込み、注文に至る。こうした購買における心理と行動を時系列でたどるのが「カスタマージャーニー」であり、それをまとめた一覧表やシートを「カスタマージャーニーマップ」と呼ぶ。

具体的には、「認知・興味」「情報収集」「初回購入」「リピート購入」「共有」など顧客の状態をいくつかのフェーズ（ステージ）に分け、それぞれにおける行動や思考、心理を想像し、それに対する自社の働きかけ（施策）をプロットしていく（図表21）。

「カスタマージャーニーマップ」という名称は知っているが、自身で作ったことはないという人も多いのではないだろうか。この機会に作成してみることを強くお勧めする。

顧客と自社がどのように出会い、どのように接触し、商品購入に至り、その商品を使ってもらい、また購入したい、知人にも紹介したいと思ってくれるか。マップ（表）における列や行の項目をどんどん増やし、より解像度を上げていってほしい。

カスタマージャーニーマップはマーケティングだけではなく、商品開発にも、商品価格設定にも、物流にも、すべてに影響するため、事業責任者が作ることが望ましい。

カスタマージャーニーマップがあれば、プロモーションにいくら費用をかけるべきか、決済方法としては何に対応すべきか、物流で重要視するべきことは何か（スピードなのか同梱物なのかなど）をより適切に判断できるようになる。

図表21　「カスタマージャーニーマップ」の例

	認知・興味	情報収集	初回購入	リピート購入	共有
思考	子どもの〇〇が心配	他の解決方法も探す	損をしたくない	子どもが喜んで飲んでいる	知人もたしか悩んでいた
心理バリア	誰に相談すればいいか分からない	より良い解決方法を知りたい	安く買いたい安全なものを使いたい	手間なく買いたい	押し付けになるのは嫌だ
接触	オウンドメディア	アフィリエイトサイト、比較サイト	公式サイト、検索連動型広告	メルマガ、SNS	LINE
コンテンツ	同じ悩みを持つ親の声	商品レビュー	商品紹介	購入ペースの選び方	紹介クーポン
施策	検索エンジン経由で集客しLINE公式をフォローしていただく	利用体験談を書いていただく	初回割引、お試し購入	定期購入の案内 3カ月分まとめて購入できるパック	LINEで友だちに送れる紹介クーポン

また、カスタマージャーニーマップは1つでなくてよい。主要な顧客像が複数パターンあることは多い。その場合、一番注力すべき顧客像のカスタマージャーニーマップは事業責任者自身で作り、2つ目以降はチームメンバーに作成を託すこともよいだろう。

カスタマージャーニーマップでやってはいけないこと

一方、やってはいけないのは、1つのカスタマージャーニーマップに複数セグメントの顧客の情報を入れてしまうことだ。例えば、次のような2つの顧客像があるとしよう。

- 世帯年収が高く、価格よりも品質を気にしている顧客
- 世帯年収が平均的で、価格と品質のバランスを気にしている顧客

前者は、商品比較をする時間も短く、LP（Landing Page）に訪れたら即決する。失敗してもまた別の商品を買えば良いという考えがあるからだ。後者は、商品購入で失敗したくないと考えている。比較サイトを見て、レビューを見て、より安く買える割引クーポンを探している。

こう考えると、両者に対する施策はまったく異なるものになることがわかるだろう。

前者はママ友とランチ会をしたときに同じ悩みを持っていることが話題になって、その

場で商品名を聞き、スマホにメモする。夫に相談する必要もなく、自宅に帰って子どもを寝かしつけてから、「そういえば」と思い出し、商品名でGoogle検索する。そこから公式サイトを訪れ、ママ友の言うとおり良さそうだなと思って購入する。次回のママ友会での話題にも使えるだろう。

後者はママ向け雑誌のタイアップ企画の誌面掲載で商品を知る。スマホでブラウザを開き、商品名でGoogle検索し、公式サイトを少しだけ見て価格を知る。雑誌に掲載されている価格より、ネットに掲載されている価格が少し安いことに気づくかもしれない。続けて、口コミやブログ記事を見て、本当に良い商品か、悪いレビューがないか調べる。週末、夫にそれとなく話してみて、夫も良さそうだと同意してくれたので、再度公式サイトを訪れて購入する。事前にクーポンも見つけていたので、それも使って10%オフで買って満足する。

カスタマージャーニーマップは、今後のマーケティング施策を実施していく地図になる。似た顧客体験であれば、1つのカスタマージャーニーマップに入れてしまってもよいが、ここまで違うのであれば別で作った方がよいことは明らかだろう。

カスタマージャーニーマップからKPIへ

ＥＣ通販のマーケティングでは、達成したい売上、粗利益、営業利益から逆算して、注文件数や平均注文単価をＫＧＩ（Key Goal Index）、ＣＰＯ（Cost per Order）やＣＶＲ（Conversion Rate）をＫＰＩとして、日々追いかけるというやり方が一般的だ。

ここに顧客体験を最高なものにするための指標を加えよう。カスタマージャーニーマップがあるとそれが見えてくる。

例えば、公式Twitterアカウントの1投稿あたりの反応数（返信コメント数＋リツイート数＋いいね数）が挙げられる。この指標は売上からの逆算では生まれにくい。しかし、カスタマージャーニーマップを作成することで、ターゲット顧客は「公式Twitterアカウントで情報を得て、商品をリピート購入することが多い（そういう状態にしていきたい）」ということに気づけば、重要指標となるはずだ。

それを各メンバーの目標に落とし込めれば、顧客体験を最高のものにするための道をチームで走り始めることができる。「この商品に関するツイートは反応が良いね、関連商品を開発しようか」「競合のTwitterアカウントよりフォロワー数は多いはずなのに反応が悪い。我々が考える顧客体験と実際に求められている顧客体験がズレてしまっているのではないか」といったように、日々の取り組みに様々な前向きのフィードバックを返すことができる。

なお、顧客体験には一貫性も重要だ。例えば、「最高品質の商品をあなたの手元に」というキャンペーンメルマガを読んだから買ったのに、商品が無造作にダンボールに入って届いたら、信頼を失ってしまう。

カスタマージャーニーマップを社内で作成した後、必要に応じて業務の一部をＢＰＯ(Business Process Outsourcing）で外注化することはぜひ検討すべきだが、顧客体験の一貫性を失わないように社内と外注先、あるいは外注先同士の連携には十分、気をつける必要がある。

3 新規顧客と関係を築くマーケティング

見込み顧客との最初の接点をどこで作るか

ＥＣマーケティングにおいて新規顧客とどのように関係を築いていくのか。ここでは敏感肌のために保湿成分を高濃度で含むスキンケア化粧品「３６０スキンケア（仮名）」を例にとって考えてみよう。

顧客体験を最高のものにするということを頭に置きながら、限られた広告予算内で売上目標を達成するためには、「カスタマージャーニーマップ」にクエリ（検索エンジンで検索されるキーワード）の行を追加して考えるとよい（図表22）。

最初にやるべきは、購入直前クエリでの検索連動型広告への出稿だ。「３６０スキンケア」といった商品名クエリで検索する顧客は、購入直前の状態にある可能性が高い。商品名クエリは検索連動型広告への入札単価も低い傾向があるため、特別な理由がない限りは出稿すべきだ。

さらに、３６０スキンケアの特徴である「敏感肌のために作られていること」「保湿成

図表22　カスタマージャーニーマップにクエリを追加した例

	認知・興味	情報収集	初回購入	リピート購入	共有
クエリ	・敏感肌 ・辛い	・敏感肌 ・保湿クリーム ・保湿成分が多い化粧水	・360スキンケア ・敏感肌 ・スキンケア通販	・360スキンケア	（なし）

分が高濃度で含まれていること」を求めている生活者にアプローチするために「敏感肌 スキンケア 通販」「敏感肌 保湿 クリーム」「保湿成分が多い化粧水」といったクエリでも広告出稿する。

検索連動型広告に出稿するためのプラットフォームである「Google広告」は２０１０年代に大きく進化し、ＥＣマーケティングの初心者・中級者でも80点（上級者が運用した広告運用品質を１００点とする）で運用ができるようになっている。それは競合も同じ環境にあるということだ。詳しくは専門書を読んでいただきたいが、検索連動型広告の運用を１００点に近づけていくためには主に以下のような対策を行う必要がある。

設計

・カスタマージャーニーマップ、ファネルに基づいたクエリ候補の洗い出し
・候補の中から優先的に広告出稿するクエリを選定
・コンバージョン計測地点、タイプの設計
・アカウント、キャンペーン、グループ、キーワードの設計

設定

・設計した内容をGoogle広告管理画面へ設定する
・広告表示オプションや除外キーワード設定を反映する

運用

・クリック率や購入率向上のための広告クリエイティブ調整
・効果に結びつきにくいクエリへの出稿削減のための完全一致率の向上
・広告競合のクリエイティブ変更、出稿単価変更への対応
・平日／土日／時間帯による出稿調整
・月の前中後期での予算調整
・キャンペーン時の広告クリエイティブ、オプションの調整

これらによって、見込み顧客との接点を作る。

検索連動型広告は一度設定して終わりではなく、運用調整をし続けることによりワン・トゥ・ワンに近い状況を作っていくことができる。

例えば、最初は「敏感肌　スキンケア　通販」という多くの人が検索するクエリでCPO＝5000円で顧客獲得（全体最適化）していたものを、「敏感肌　背中に赤いぶつぶつ　通販　絶対にベタベタしない」という1年に1回しか検索されないようなクエリでCPO＝2500円で顧客獲得（ワン・トゥ・ワン）できるようにしていくのである。

ディスプレイ広告とアフィリエイト広告で接点を広げる

そうはいっても結局、「360スキンケア」という商品名クエリでしか許容CPOの金額内で顧客を獲得できないかもしれない。「敏感肌　スキンケア　通販」では競合が多くて入札単価が高騰しており、戦えない。商品自体から見直したいが、既に在庫を抱えているし、商品開発に追加費用も時間もかけられない。だから、マーケティングで解決したい。

そういうケースも当然あるだろう。

そのときの次なる手段は、「ディスプレイ広告」と「アフィリエイト広告」だ。

ディスプレイ広告には、Google広告のディスプレイネットワークをはじめ、Facebook広告、アドネットワークやDSP（Demand Side Platform）などの様々なプラットフォームがある。WEBサイトやアプリを訪れたときに四角い広告枠があり、広告が表示されていることを見たことがあるだろう。そこに広告出稿するのである。

ディスプレイ広告は、検索エンジンで何かを探している見込み顧客ではなく、より潜在的な見込み顧客にアプローチできることが特徴だ。

ただ、潜在顧客であるため、検索連動型広告と同じようにいきなり商品詳細ページに誘導してもうまくいかないことが多い。ディスプレイ広告をクリックしたら、記事LPと呼ばれる「読みもの」コンテンツが書かれたページに飛ぶようにし、その記事LPで購入意欲を高めてもらってから商品詳細ページに誘導するのがよくあるやり方だ。

ディスプレイ広告をクリックする見込み顧客は、その直前までその広告が掲載されているサイト上の別のコンテンツを読んでいて、心理的には「読者モード」になっている。

「読者モード」の状態で商品詳細ページにいきなり来てもらっても購入率は低い。「読者モード」の見込み顧客に記事LPを読んでもらい、「購入モード」になった後、商品詳細ページに誘導することで購入率を高めるのだ。

アフィリエイト広告もよく使われる手法である。アフィリエイト広告は検索連動型広告とディスプレイ広告の中間の特徴を持っている。見込み顧客が「敏感肌　保湿　クリーム」というクエリで検索をしたときの行動は3パターンに分けられる。

①検索連動型広告をクリックする
②自然検索結果からEC通販サイトをクリックする
③自然検索結果からEC通販サイト以外の情報サイトをクリックする

このうち、生活者が③を選択した場合、その情報サイトにアフィリエイト広告を掲載することでEC通販サイトに誘導することができる。

アフィリエイト広告で重要なことは、有力な情報サイトに広告を掲載することだ。しかし、有力な情報サイトであるほど、アフィリエイト広告を掲載したいと考えるEC通販サイトはたくさんある。

その中で自社へ誘導するアフィリエイト広告を掲載してもらうためには、「報酬単価」×「好意度」の掛け算を大きくする必要がある。情報サイト運営者は「より多くの報酬が得られ」かつ「自身のサイト読者に自信を持ってお勧めできる商品」の広告を掲載したいと考えている。

検索連動型広告で「購入意欲が高い顧客」を獲得し、ディスプレイ広告で「購入意欲がほどほどの顧客」を獲得し、アフィリエイト広告で「購入意欲が高い顧客もしくは購入意欲がほどほどの顧客」を獲得するのである。

これらの広告は、「獲得」の結果だけに意識を向けることも良くない。カスタマージャーニーマップを思い出してほしい。アフィリエイト広告で興味段階の顧客にアプローチし、検索連動型広告で購入直前の顧客にアプローチし、その両方の影響で購入完了に至る。さらにそのあとにリピートするかどうかは、アフィリエイト広告が掲載されるブログ記事の内容も影響する。個別効果を見ながら、全体効果も強く意識しよう。

もちろん、商品によってケースは様々で一概にはいえないが、ここにさらにインフルエンサー広告を加えることが現時点のインターネット広告の王道だろう。

インフルエンサーとの協力体制を作る

「インフルエンサー広告」はまだまだ黎明期でチャンスがたくさんある。

例えば、ガジェットインフルエンサー「マクリン」をご存知だろうか。本書の読者は知らない人が多いかもしれないが、イヤホンやモバイル機器などのガジェットを分かりやすくブログ、Twitter、YouTubeで解説している人気インフルエンサーである。

２０１９年にインターネット広告の市場規模は２兆円を超え、ＴＶ広告を抜いた。インターネット広告は、これまでのマス広告とは全く異なる。つまり、同じメディアをみんなが見るのではなく、自分が見ていて楽しいメディア、参考になるメディアを一人ひとりが選択する時代になったのだ。

マクリンのように熱狂的な読者がついているインフルエンサーは世の中に多数存在し、これからさらに細分化されていくだろう。ガジェットインフルエンサーではなく、イヤホンインフルエンサー、充電バッテリーインフルエンサーへ。「そこまでこだわっている人が言うならきっと良い商品なのだろう」と考える人が増えるからだ。

人気TV番組『マツコの知らない世界』では、かき氷中心の食生活の人、干し芋にとにかくこだわっている人など、一点突破のこだわりを持つ人たちが登場する。そういう世界観と情報が求められている時代なのである。

そう考えると、自社商品と相性が良いインフルエンサーと組んで広告展開をすることは、今後の成長戦略のひとつとして検討に値する。

ちなみに、スクロールグループの株式会社もしもでは、2020年にインフルエンサーへの広告展開ができるサービス「もしもクリエイター」を開始した。自社に合ったマニアックなインフルエンサーを探すツールとして使えるはずだ。

顧客の特徴による獲得手法の違い

広告を顧客獲得のための手段と考えると、獲得効率性だけに着目しがちだ。しかし、ECマーケティングで最終的に実現したいことは「最高の顧客体験」であり、広告もその体験の中のひとつである。

購入意欲が高い見込み顧客にはもちろん、すぐに商品を買ってもらえるよう誘導することが顧客にとっても自社にとっても良い。

「360スキンケア」の例に戻ろう。購入意欲はまだ低いが敏感肌で自分の肌に合う商品を見つけられずあれこれを買い回っている見込み顧客がいたら、いきなり自社商品を勧めるのではなく、肌診断で自身の肌の特徴を教えてあげたり、現在のスキンケアの方法をヒアリングして改善のアドバイスをしたりしてから、その延長で自社商品を提示するのが良い。

こうした「最高の顧客体験」を意識した顧客へのアプローチは、後述するMA (Marketing Automation) にもつながる。

検索連動型広告からすぐ商品購入に至っている顧客は、第三者の情報で確認したりなどせず、自身の直感的な判断で行動しているため、リピート率が低い傾向がある。一方、アフィリエイト広告から商品購入に至っている顧客は、商品に関する情報をじっくり読み込んでから行動しているため、リピート率が高い傾向がある。
そこで、次のような対応を考えるのだ。

顧客タイプ①
「検索連動型広告経由での商品購入」かつ「30代女性」かつ「都内在住」かつ「購入までの公式サイト内ページ閲覧数が3ページ未満」の顧客
←　リピート率が低くなる傾向がある
←　初回商品を配送したときの同梱物に同じ年代のお客様の声が多く掲載されたブランドブックを入れる

顧客タイプ②
「アフィリエイト広告経由での商品購入」かつ「30代女性」かつ「地方在住」かつ「購入までの公式サイト内ページ閲覧数が10ページ以上」の顧客

←　リピート率が高くなる傾向がある

←　3回目に商品を届けるタイミングでより高級なラインナップ商品を提案する

顧客獲得は顧客体験のスタートだ。最初の印象が良ければ、その後は長いお付き合いとなるだろう。

顧客獲得は自社と顧客の関係の始まりであり、単純なCPOだけで語れるものではないということをマーケティング担当者は肝に銘じてほしい。

4 購入体験と連動したサービス設計

「サービス設計」の3つの原則

ここでは顧客体験と連動したバックヤードの組み立て方を紹介する。まずは、「サービス設計」の基本について確認しておこう。

一流のシェフが一流の食材を使って料理を提供するレストランと聞けば、誰しもすごい人気店に違いないと想像するだろう。しかし、実際には全然流行っていないとしたら、どのような理由が考えられるだろうか。例えば、次のような事情があったとしたらどうだろう。

- 店員が不愛想で、客が入店してもまともに挨拶しない
- テーブルに着席してみると、皿やカトラリーが安っぽい
- 食事ではしばしば、注文と違う料理が出てくる
- 支払を終えて店を出るとき、見送りもない

料理の腕と食材は最高であったとしても、顧客対応がなっていなければ、レストランとしては全く評価されないということだ。

こういう場合、顧客との接点を洗い出し、対応のどこに問題があるかチェックすることが重要だ。それが「サービス設計」である。

「サービス設計」には一般に、3つの原則があるといわれる。

①モメント・オブ・トゥルース（真実の瞬間）

②サービスレベルの統一

③ハロー効果（近接効果）

初めての商品出荷で第一印象を良くする仕掛け

まず、「モメント・オブ・トゥルース」は直訳すると「真実の瞬間」であり、「決定的瞬間」ともいわれる。人間の印象は、最初に会った3～5秒で決まるということだ。例えば、旅行で地方に行ったとき、駅前の店で道を尋ねたところ、店主が外まで出てきて次の交差点まで案内してくれ、角を曲がった先を指さしてくれた。

こういう親切に出会うと、自宅に帰って思わず「あそこの人は本当に親切だったよ」と口にするだろう。ただ、正確にいうとその地で初めて会った人が親切だったということだ。人間は、感動したりショックを受けたりしたときの印象は強く記憶に刻まれる。どのような事業であっても、最初に顧客と出会うタイミングで好印象を与えることが重要なのだ。

ＥＣ通販で「モメント・オブ・トゥルース」を積極的に応用しているのが、リピート通販の事業者たちだ。初めての商品出荷ではよく、第一印象を良くする仕掛けを使う。これによって楽天市場での評価ポイントアップ、レビューの書込み増などを狙うのだ。

また、楽天市場で商品を買った人に、「なんていうショップで購入したのですか？」と尋ねると、ほとんどの人が覚えていない。「楽天で購入した」と答える人がほとんどだ。商品到着時の印象を良くすることは、ショップ名を覚えてもらう効果もあり、リピートを促進させる。

ただし、購入体験のファーストタッチである商品到着時に「モメント・オブ・トゥルース」を組み入れるには、初回購入者のみを対象とした同梱物を封入指示できるシステムと、それを間違いなく運用できる物流センターが必要となる。

アフターコロナの購買傾向として、ＥＣショップを選別する動きがあるため、「モメント・オブ・トゥルース」作戦はぜひ取り入れてもらいたい。

サービスレベルの統一がなぜ必要か

「サービス設計」の2番目の原則は、「サービスレベルの統一」である。

これについては、「桶の理論」というキーワードがある。複数の木枠で囲われた桶は、一片でも高さが低い木枠があると、水はそこまでしか貯まらない。EC通販も同じで、いかに商品やサイト設計、プロモーションなどが100点満点でも、出荷がパンクして受注の半分しか完了できなかったら、結果は50点になってしまう（図表23）。

あるカタログ通販企業に伝わる〝悲劇〟を紹介しよう。

その企業では、KPIによる評価制度を導入することになった。各部署に目標となるKPIが設定され、その達成度合いでボーナスの金額が決まるのだ。

各部署はそれぞれKPIの数値が最高になるよう、検討に検討を重ねて行った。カタログDM部門には注文発生率というKPIが設定されたので、担当者はカタログDMのタイミングを過去のデータから分析し、最も注文発生率の高い日を発見した。その日に大量のDMを集中的に発送したのは言うまでもない。

その結果、確かに大量の注文が来たのだが、事前に知らされていなかったコールセンターはパンクし、物流センターもパンクし、さらにその注文を見てバイヤーが大量の追加発注

図表23　「桶の理論」のイメージ

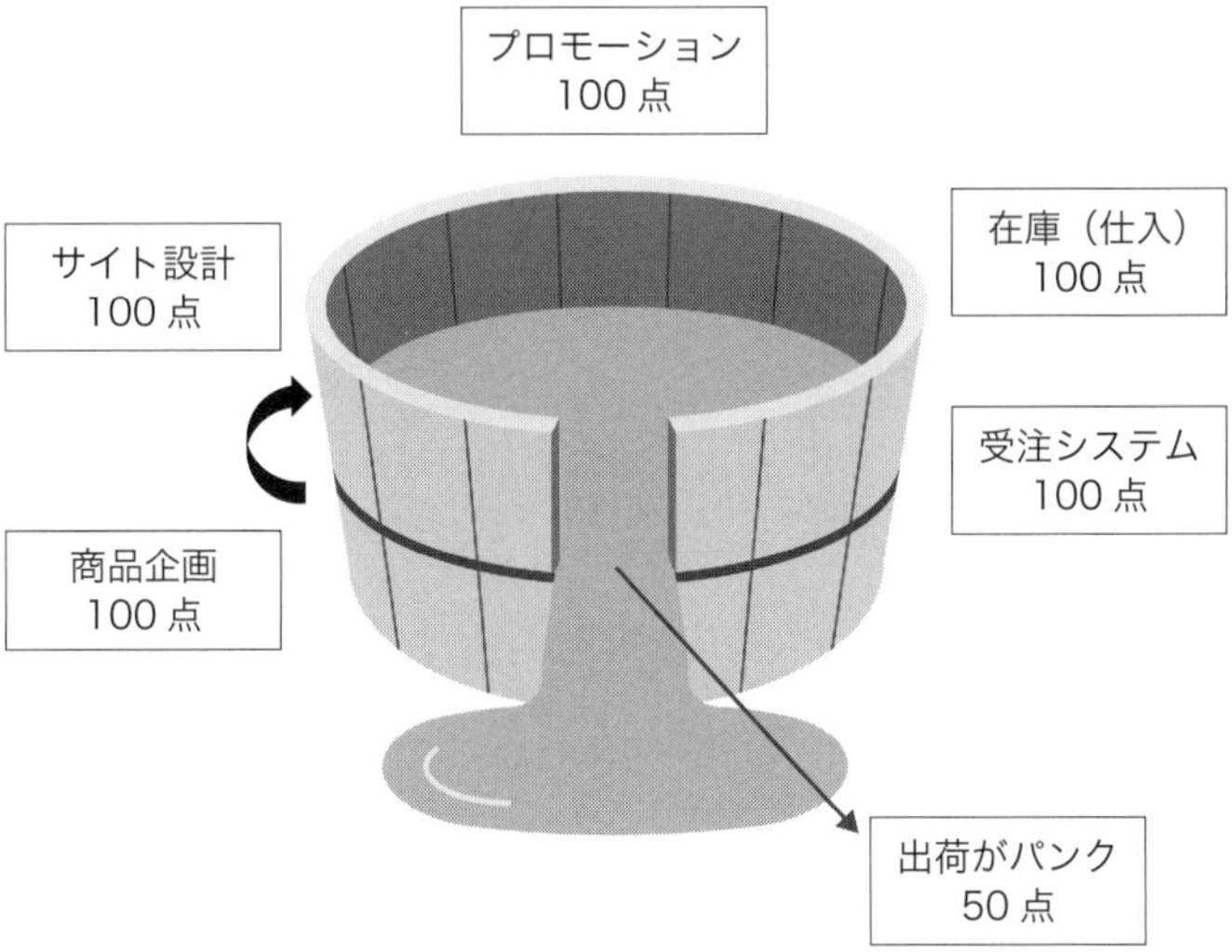

を出した。ところが、注文数は大量DMが終わったら急速にしぼんでしまい、山のような在庫が残ったのである。

このようにECビジネスでは、商品企画からサイト設計、受注、出荷に至るまで、情報を共有しながら同じサービスレベルで運営することが欠かせない。ひとつでもレベルが狂うと、全体の評価はあっという間に低下してしまう。

顧客にとってのお気に入りショップになるには、SNSでのプロモーションからWEBショップへの訪問、そして購入、商品到着、使用・着用、レビュー・拡散に至る一連の購買体験、顧客体験を統一したサービスレベルで提供する「サービス設計」が重要なのである。

最後の印象を良くしてリピーターを増やす

「サービス設計」の3番目の原則は、「ハロー効果（近接効果）」である。

ハローとは、宗教画などで聖人の頭上に描かれる光輪のことだ。人間は人であれ商品であれ、出会った対象の評価において、その対象が持つ顕著な特徴や最後の印象にひきずられやすい。

「ハロー効果」は、サービス業で広く利用されている。例えば、銀座のママが帰る客をエレベータで1階出口まで見送るのも、ガソリンスタンドの店員が客の車が見えなくなるまで帽子を取ってお辞儀しているのも、ハロー効果を狙ってのことだ。最後に好印象が残ることで、再来店を促しやすくなるのだ。

逆に、最後の印象が悪いと、その店へ足が向かなくなる経験は誰しもあるだろう。ケンカ別れした彼女に、電話しにくいのも同じような心理だ。

ＥＣ通販でも、購入した商品の箱を開けたときの印象を良くすることに加え、後から商品の使用感や感想を尋ねるアフターメールという手法がある。

ある通販会社は、電化製品を購入した顧客に半年後、不具合がないかの「確認はがき」を送っている。「そこまで気にかけてくれるんだ」というハロー効果により、リピーターを増やすためだ。

以上、「サービス設計」の３つの原則を応用して、接点別に顧客との対応を組み立て、さらに運用の中でブラッシュアップしていくことで、顧客体験を高めていくことができるはずだ。

5　「おもてなし物流」とＣＲＭ

「おもてなし物流」とは？

以前、ＥＣ通販における物流といえば、コストを抑えて出荷できさえすれば良いといった捉え方が多かったように思う。

しかし、いまやＥＣ物流センターはいろいろな付加機能を備え、顧客体験を高めることに貢献し、ＥＣショップの事業拡大を支えている。

例えば発送の際、顧客の購入商品と購入回数に応じて同梱物を変えるだけでなく、顧客一人ひとりに最適なメッセージカードもその場で印刷できるようになっている。

筆者はこうした顧客体験を高める物流を「おもてなし物流」と名付け、セミナーなどでその重要性を繰り返し説明している。

「おもてなし物流」は、これからのＥＣ通販において、ＣＲＭで差別化を図るための重要な要素なのだ（図表24）。

図表24　従来の「物流」と「おもてなし物流」の違い

従来の「物流」の捉え方

- バックヤードの話でありCRMやマーケティングとは関係ない
- 配送キャリアをどこにするかの問題
- とにかく期日までに届けばよい
- 資材、倉庫などコストはできるだけ安く

↓

「おもてなし物流」の考え方

- 顧客体験を高める手段のひとつ
- EC通販において、CRMで差別化を図るための重要な要素
- EC物流センターでの付加機能が鍵を握る

事業モデルに応じたＣＲＭのＫＰＩ

「おもてなし物流」の具体的なやり方に入る前に、ネット通販におけるＣＲＭ（Customer Relationship Management）について確認しておこう。ネット通販とひと言でいっても、ＣＲＭを考えるにあたっては、事業モデルに応じたＫＰＩ（Key Performance Indicator）の選択が重要である。

結論からいえば、総合通販では「ＲＦＭ分析」、リピート通販では「ＬＴＶ」、モール系ＥＣショップでは「ＲＯＡＳ」をそれぞれ、ＣＲＭを考えるにあたってのＫＰＩとして選択するのがよい（図表25）。

総合通販では、大量に保持する顧客リストをもとに、いかに効率的にカタログＤＭをしていくかがＣＲＭのポイントとなる。

例えば１００万人の顧客リストがある場合、何も分析せずにＤＭすると正比例にオーダーが増えていき、１００万部で最大となる。

ただ、それではカタログＤＭにかかるコストも最大になってしまい、利益が出せなくなる。

図表25　事業モデルに応じたCRMのKPI

	特徴的なKPI&分析手法	着眼点
総合通販	RFM分析 （Recency Frequency Monetary）	カタログDM効率 ＝決められたDM数でいかに最大の売上を上げるか？
リピート通販	LTV （Life Time Value）	リピート効果 ＝いかにリピート&定期購入化して開拓コストを償却するか？
モール系	ROAS （Return On Advertising Spend）	広告効果 ＝いかに効率良い集客&CVをするか？

そこで、注文確率の高い顧客からDMする順番を決めるのが「RFM分析」だ。

R（Recency）＝できるだけ直近で、F(Frequency)＝できるだけ回数が多く、M(Monetary)＝できるだけ金額が多いというポイント付けをし、注文確率の高い順にDMを打つと、図表26の上のグラフのように50万部で80％のオーダーが取れることになる。コスト半分でオーダーが80％となる。

また、一般に前月購入した顧客の方が、1年前の注文客よりも注文発生率が格段に高い。図表26の下の図は、注文後経過月数とリピート力の関係を示した模式図だ。

初めて注文をした顧客はR1のF1のマスとなり、リピート力を10とする。何もせず放置しているとR2からR3へとどんどんリピート力は落ちていく。逆にR1で何らかのリピート施策を打つとR1のF2に移行し、リピート力は11に上昇する。さらに施策を打つとR1のF3となりリピート力は12になる。初めての注文から、できるだけ早い段階で施策を打つことが望ましい。前項で述べた「モメント・オブ・トゥルース」という観点からも同じことがいえる。

引上げCRMと継続CRMとは？

以上のことを踏まえて、初回発送の商品に同梱するメッセージとしてどのような内容が適しているか考えてみよう。

前述のとおり、筆者は様々なEC通販企業において、ユーザーを集めた「グループインタビュー」をサポートしており、ユーザーが何に困っているかを何度もヒアリングしている。そこでいつも感じるのは、売り手（企業）の意識と買い手（ユーザー）の意識のズレだ。

端的にいうと、売り手（企業）は自社の製品についての理解度が高く、つい買い手（ユーザー）も同じくらい理解して使ってくれていると思い込んでいる。しかし、実際には買い手（ユーザー）は初めて使った製品の使い方や効能をあまり理解していない。

図表26 「RFM分析」に基づくCRMの 展開

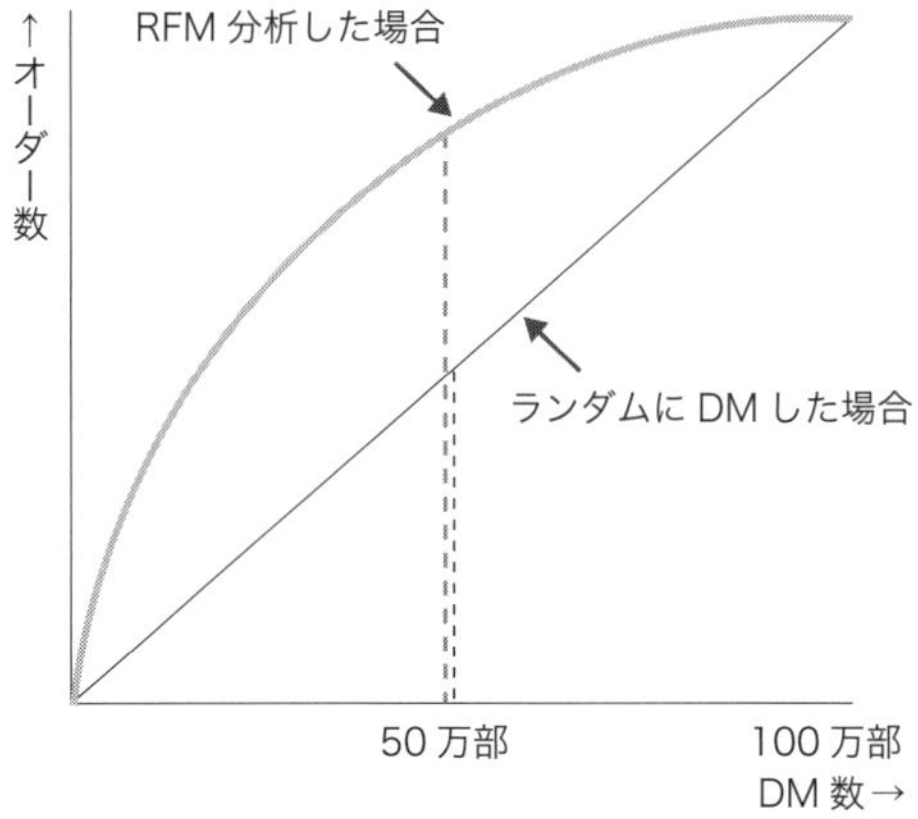

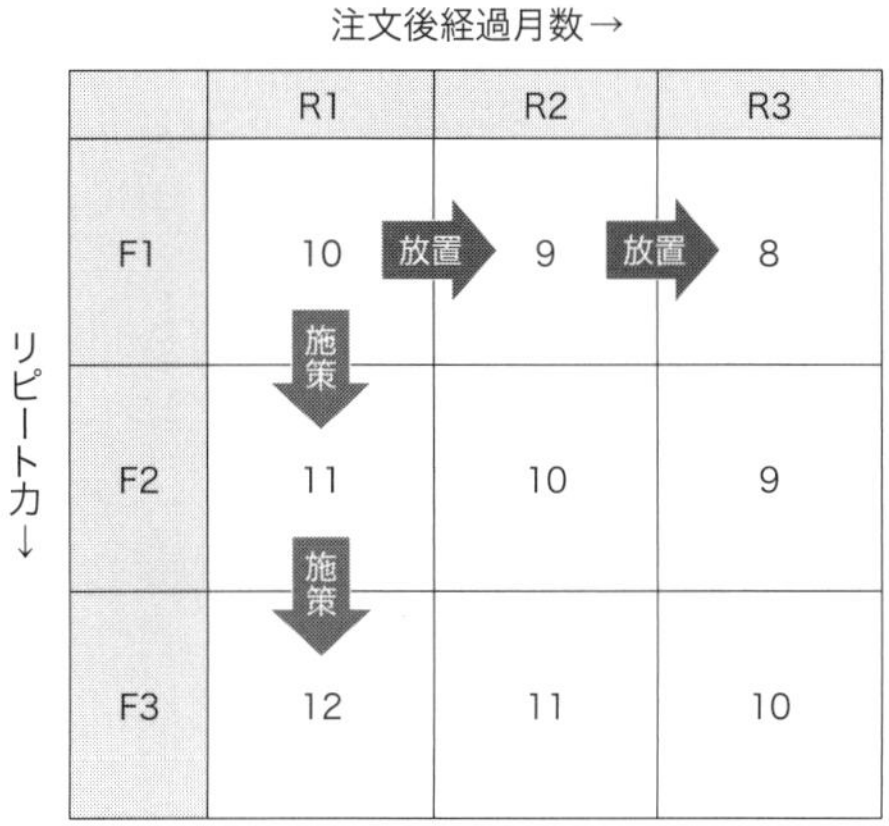

とりわけ新規開拓を狙ったプロモーションの際は、「できるだけ興味や関心を持ってもらう」ことを主眼にクリエイティブが作られている。結果的に、買い手（ユーザー）は商品を深く理解して購入しているとはいえず、商品が届いてからの使い方の間違いや使い忘れが起こりやすく、退会に至るケースが非常に多い。

これを防ぐには、商品発送の1回目と2回目までは「引上げCRM」、3回目以降は「継続CRM」というように、段階を分けることが望ましい（図表27）。

「引上げCRM」では、製品理解がまだ乏しい人向けに、製品のパフォーマンスを引き出す使用方法と、その結果得られる効能を分かりやすく伝えることが重要だ。

具体的には、先輩ユーザーの使用方法のノウハウや裏技、使用して効果効能を感じている顧客の写真、コメントなどが受け入れられやすい。

商品を理解し、使うことに慣れたユーザーには、3回目以降で「継続CRM」に切り替える。飽きや慣れなど製品の魅力の劣化を抑え、興味関心を維持できる内容で、ロイヤリティ強化を図るのだ。

具体的には、製品の効能に関連した季節ごとの情報や、連続ものの企画、ユーザーが登場するインタビューなどが受け入れられやすい。

図表28はCRM設計の一例だが、新規の顧客向けに製品理解のため3回連続のチラシを

図表27　接触ステイタスと「引上げCRM」「継続CRM」

接触ステイタス	商品到着回数	CRMの目的	製品理解度	CRMの役割
新規プロモーション	注文	新規注文を取るためまずは興味関心を持ってもらう	口コミは確認したが、まだ半信半疑の状態	引上CRM
商品＋同梱物1回目	1回目	製品の正しい使い方と使った時の効果を理解させる	使いだして不安に思うことが出ている状態	
商品＋同梱物2回目	2回目	利用者の声で、正しい使い方の理解と、効果の出る期待を持たせる	徐々に製品利用が習慣化される効果も徐々に出ていると感じている	継続CRM
商品＋同梱物3回目	3回目	商品が毎回届く楽しさを感じてもらう	商品到着とともに、毎回届く読み物・企画も楽しみになっている	
商品＋同梱物4回目	4回目	商品と企業に愛着が沸いてもらう	友人に商品の良さを伝えたくなってきている	

図表28　「引上げCRM」から「接触CRM」への切り替え

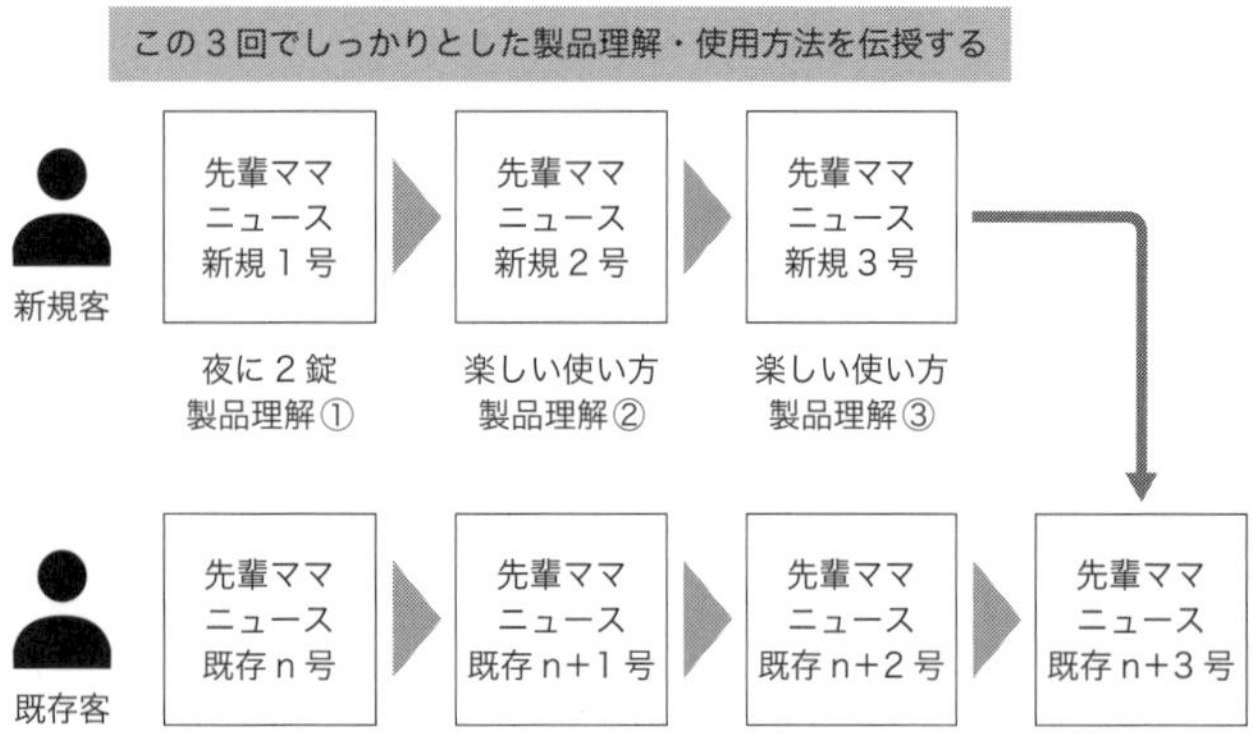

用意し、同梱発送する（「引上げCRM」）。

既存客には毎回、「継続CRM」のためのニュースを用意し、新規顧客の4回目からは既存顧客への送付分に合流させる。

毎月入ってくる新規顧客に対し、製品理解のための3回連続チラシを間違いなく同梱するシステムと物流が重要だ。

6　顧客体験をより高めるCRM

MA（Marketing Automation）とは？

MAはマーケティングを自動化するツールだ。

「360スキンケア」の例に戻れば、顧客情報、商品情報、媒体情報、受注情報を取り込んで、40日前にGoogle広告の検索連動型広告から自社製品を買った顧客に、「そろそろ使い切りましたか？　2回目の購入割引クーポンを特別プレゼント」といったメールを自動で送信するのである。

多くのカートシステムにもステップメール機能やレコメンドメール機能が付属しているが、MAの最大の特徴は「粒度の細かさ」と「接触方法の多様性」だ。

MAでは、顧客の属性と行動を掛け合わせ、分析粒度を細かくしていくことができる。例えば、「40日前に買った顧客のうち、クーポンプレゼントメールをクリックして、かつ、2回目の購入をしていない人」に「クーポンの有効期限が残り5日であることを伝えるDM（オフラインのはがき）を送る」といったことも簡単にできる。

MAをメールの発射台で終わらせない

MAの活用には次の4段階がある。

第1段階【効率化】手動で実施していた顧客抽出とメール送信業務を自動化する
第2段階【細分化】属性と行動によるより細かなセグメントで顧客にアプローチする
第3段階【多様化】メール・SNS・DM・商品同梱物・電話などの手段で接触する
第4段階【高速化】複雑な条件・手段のシナリオの結果を素早く分析し、すぐ修正する

第1段階の【効率化】では、それまで担当者が手を動かして行っていた業務をMAにより自動化することで、よりマーケティングの企画などに時間を充てられる。

第2段階の【細分化】では、複数のAND・OR条件で最適な顧客を抽出し、無駄打ちを減らすことで、それぞれの顧客に最も響く内容を訴求できる。

第3段階の【多様化】では、メルマガでのみ実施していた顧客との接触を多様化する。MAから社内の電話営業部署に対象顧客のリストをメールで通知し、電話販売につなげることもできる。

第4段階の【高速化】では、複雑に絡み合っているシナリオを分かりやすい指標で素早く分析し、どこに手を加えればより成果が伸びるかを見つけて改善していく。

多くの場合、第1段階から第2段階で何をすればいいか分からなくなって、MAをもて余してしまうケースが多い。顧客がどんな体験をしたいのか、顧客にどんな体験をしてほしいのかについて、解像度が低いためだ。また、社内リソースが足りず、せっかくMAを導入したのに使いこなせていないというケースもとても多い。

MAを使いこなすための4つの壁

MAを使いこなすには、4つの壁を超えていかなければならない。

第1は、**データ連携の壁**だ。

通販基幹システム、ECカートシステムに入っている商品情報、顧客情報、受注情報などをどうやってMAに入れるか、である。テーブル構造が異なるデータをマッピングし、クレンジング・名寄せし、受け渡ししなければならない。

例えば、基幹システムでは顧客のメールアドレスをmailという項目名で持っているが、MAではmailaddressという項目名である場合、mailとmailaddressを紐付ける。住所の都道府県名に「東京都」と「東京」という表記が異なるデータがある場合、すべて「東京都」に修正する。顧客の名前が基幹システムでは「姓」「名」の2つの項目に分かれているが、MAでは「姓名」を1つの項目として扱う場合、MAにデータを入れる前に修正する。

これらの準備によって、綺麗になったデータをCSVアップロードやSFTP連携、API連携等でデータ連携する。この準備に数カ月かかることもある。

第2は、**企画の壁**だ。

MAにデータを入れただけでは、何も見えてこない。そこで、MAを分析ツールとして使う。カスタマージャーニーマップに基づき設定されたKPI（例えば、初回購入から2回目購入への3カ月以内引き上げ率）のデータをMAから抽出する。

そのデータの裏にある顧客の心理や行動を関連部門の担当者がそれぞれの視点から考え、どんなタイミングで、どんな方法で、どんな内容で、顧客にアプローチすればいいか企画を出していく。企画は手元のドキュメントやスプレッドシートに書き出し、共有すると良いだろう。

第3は、**設定の壁**だ。

企画がまとまったら、実装へと進む。企画において狙いを付けた顧客セグメントを抽出し、そのセグメントに対して、ステップメール送信、メール内リンククリックによるシナリオ分岐などを設定する。メール文章などのクリエイティブ（コンテンツ）作成も必要だ。

第4は、**改善の壁**である。

設定したシナリオが無事、動きはじめたら定期的に結果を分析する。

例えば、3回目のメール開封率が低いのであれば、3回目のメール件名や送信タイミングを改善する。メールの送信タイミングは、その顧客が初回商品を購入した時間帯に送ることもよいだろう。

これらの壁をひとつずつ乗り越えていくのは、苦難の道だ。マーケティング担当者には他の業務もどんどん差し込まれてくるし、毎年実施している全体向け送料無料キャンペーンなども準備しないといけない。当月の広告運用でＣＰＯが上昇すれば、その対策も取らなければならない。

ＭＡの4つの壁を乗り越えようとしたものの、他の業務に忙殺され、気がついたら2つ目の壁の段階で半年経ってしまっていた、などというのがＭＡを導入した企業のリアルな実態だ。

ＭＡツールを導入するとき、いきなり専任の担当者を付けることは、予算や人員確保の面で思い切った判断が必要であり、簡単ではないだろう。当初はコンサルタントを外注し、運用担当者をカバーすることをお勧めする。

顧客体験の満足度を知るNPS

ここまで、商品と顧客の出会いから順に、顧客体験を解説してきた。それぞれのマーケティング施策の効果は売上や利益として数値化されるが、それだけでは本当に顧客体験が最高のものになっているのかどうかは分からない。

そこで有効なのが、NPS（Net Promoter Score）を活用したブランド調査である。NPSとは、米国のビジネス戦略家であるフレッド・ライクヘルドが提唱した顧客ロイヤルティを測る指標である。

ある商品の顧客に対して、「親しい友人や家族にこの商品を勧めたいか？（勧めたくない0点から勧めたい10点の間のいずれかの数字で回答）」とアンケートし、0点から6点は批判者、7点から8点は中立者、9点から10点は推奨者と評価する。批判者、中立者、推奨者の割合を出して、推奨者から批判者を引いた数値がNPSだ。

図表29のように、100名にアンケートをして批判者48％、中立者36％、推奨者16％となった場合、NPSはマイナス32となる。推奨者とその評価点数の幅が狭いため、NPS

図表29　NPSの例(100名にアンケート調査)

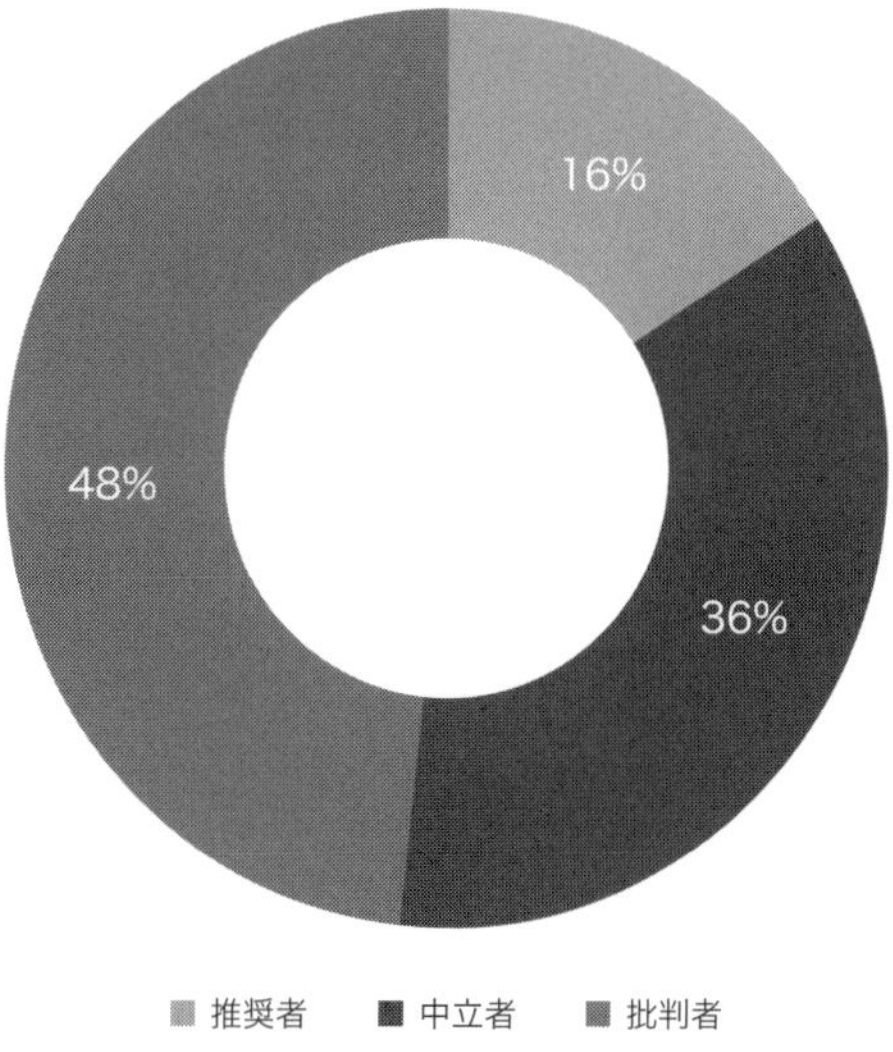

※「親しい友人や家族にこの商品を勧めたいか？」という質問(10点満点)に対する点数で、推奨者、中立者、批判者に分ける。

0〜6点　　批判者
7、8点　　中間者
9、10点　　推奨者

※上記の例の場合、次のようになる。

推奨者(16%)－批判者(48%)＝－32

はマイナス値になることが多い。企業を対象とした場合、NPSが12ポイント改善すると、その企業の成長率は倍増するといわれている。

NPSは単純に自社の数値を時系列で計測するだけでなく、競合他社と比較することもお勧めだ。「自社はマイナス32なのに、A社はマイナス40、B社はマイナス10」という場合、A社が自社より低い理由、B社がA社や自社より大幅に高い理由を探っていくのである。

ただし、アンケート母体を「自社商品を購入した顧客」に絞ると、そもそも自社に対してロイヤリティが高い顧客層であるため、市場では本当は他社の方が人気なのに、NPSでは自社が一番評価が高いという結果になることがあり、注意が必要だ。調査目的に沿ったアンケート母体の設定やアンケート内容にすることが重要である。

NPSの目的を「自社商品を購入した顧客満足度を1年前と比較し、事業軌道修正の気づきを得る」とするのであれば、次のような点に注意するとよい。

・毎年同じ時期に実施する
・期間内の購入顧客の中からできるだけランダムにアンケート母体を抽出する
・数値だけでなく、「その点数にした理由は?」といった定性コメントももらう
・競合他社の数値はそのまま受け入れるのではなく、参考情報として見る

もっと広く考えて、NPSの目的を「市場での好感度を測る」ことにしたいのであれば、

次のようなやり方がよい。

・母体は自社顧客ではなく、アンケート会社や別の方法を使って集める
・「○○ジャンルで思い浮かぶ商品はどれか」という認知度を測る質問もする
・自社に寄りすぎた質問や回答選択肢の並び順にしないように注意する

NPSの結果を踏まえ、半年や1年おきにカスタマージャーニーマップを作り直すと、「気がついたら顧客のニーズが変わってしまっていた」といった事態を防ぎ、顧客体験をより良いものに昇華していくことができる。

売上や利益と並べて、NPSを事業に対する評価指標にすることもよいだろう。NPSが競合より高いにもかかわらず、売上が競合より低いのであれば、売上に伸びしろがあるということだ。

売上が伸びていても、NPSが下落傾向にあったら黄信号である。近いうちに売上も落ちていく可能性がある。一部の顧客に引っ張られた売上なのか、一時的な売上増加なのか、売りっぱなしにしてしまっているなど顧客体験に課題がないか、深く分析する必要がある。

BPOの活用

ＥＣ通販では日々、やらなければならない業務は膨大だ。売行きが伸びるにつれ、人手も時間も不足しがちになる。こうした問題の有力な解決策が、ＢＰＯ（Business Process Outsourcing）だ。様々な業務のうち、社内で回し切ることができない部分を外部のプロに任せ、しっかり回し切るのである。

ＥＣ通販の根幹は「顧客を知ること」と「それに合った商品力」だ。この2つの機能は自社でしっかり持ってほしい。それ以外はコントローラーとしての機能を社内に持っておけば、ひとつひとつの業務についてはＢＰＯすることができる。

ちなみに、スクロールグループでは、グループ各社がそれぞれＥＣ通販に関わる次のような業務を専門的に担い、しかも相互に連携して一貫したサービスを提供している。ＥＣ通販企業が顧客体験を最高のものにするため、活用してみていただきたい。

- グループインタビュー
- カスタマージャーニーマップの作成支援
- 商品開発支援

・マーケティング
・受注、決済
・物流
・コールセンター
・CRM（MA含む）
・顧客満足度調査

第4章

最強のバックヤードで顧客体験を完結！

1　EC通販におけるフルフィルメントの流れ

受注処理のネックは多数のメール

すでにECビジネスを始めている方ならご存知のことと思うが、モールや自社サイトで受注して以降の業務（フルフィルメント）は、図表30のように連動していく。

ECユーザーから入った注文データはまず、受注処理ソフトにダウンロードされる。各モールと自動連携されていれば、時間を決めてダウンロードを自動で行うことができる。

注文時に後払いを選択した顧客には後払い審査があり、審査が通らないと後払いを選択できず、代引きやクレジットへ支払い方法へ変更をしなければならない。

受注処理の現場では毎日、たくさんのメールが入る。内容は、注文キャンセルや支払い方法の変更、送り先の間違いによる修正などだ。メールの内容に応じた処理を行わないと、受注データをそのまま物流センターに送るわけにはいかない。

現在はそこで、メールに書いてある「フレーズ（文言）」によってある程度、必要な処理別に振り分けるメール対応ソフトを活用することが多い。

図表30　ECにおける受注以降の業務（フルフィルメント）

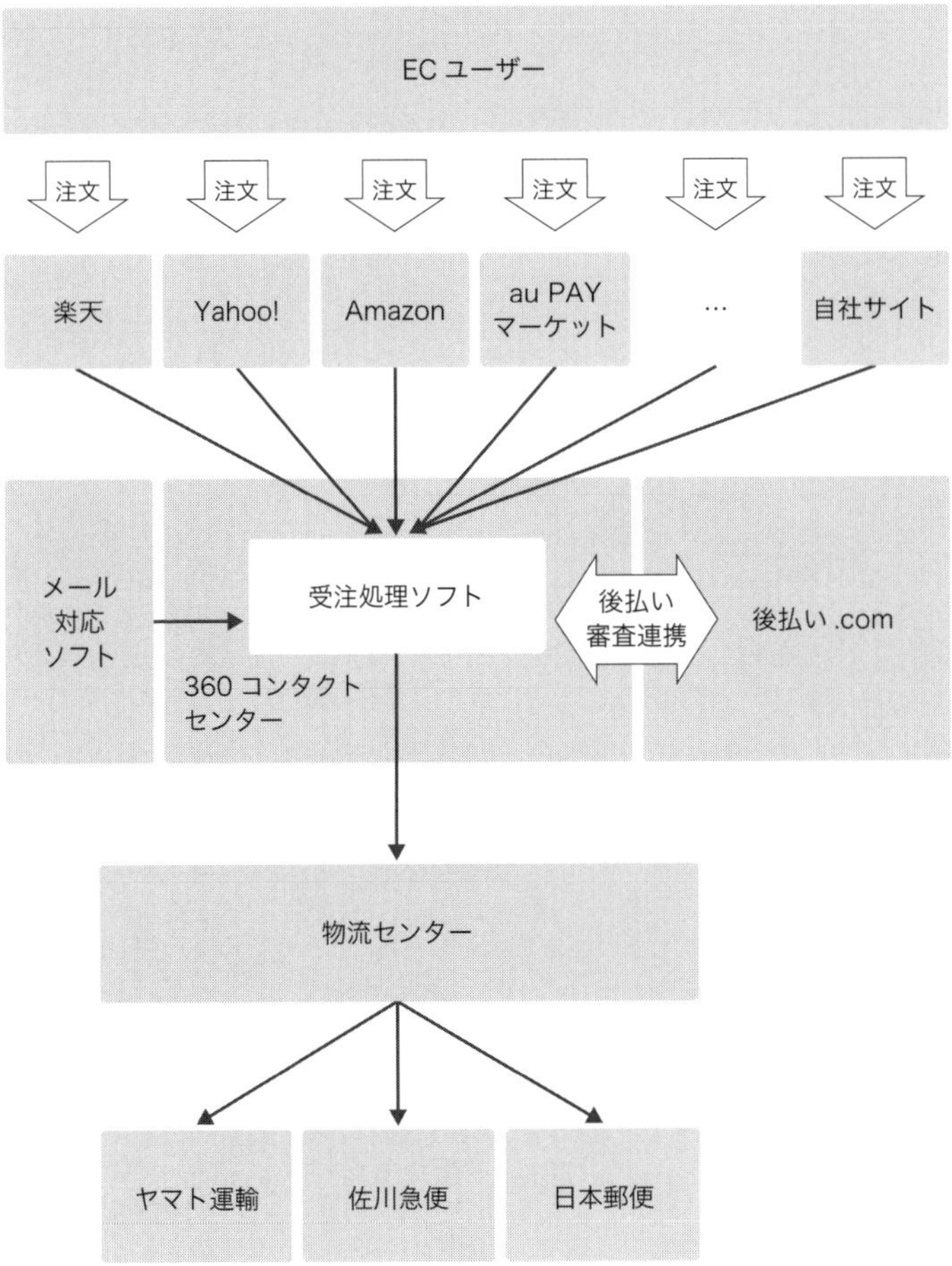

必要なメール対応が終わると、物流センターへ「出荷指示データ」が送られる。どのタイミング（時間）で送信するかは、物流センターとの間で取り決めておく必要がある。

一般的には、当日12時までの受注データを13時までに物流センターに送信し、さらに16時に翌日出荷分を送信するケースが多い。12時に1回送るのは、楽天市場の「あす楽」への対応だ。

物流センターでは16時頃までにピッキングと梱包を完了し、ヤマト運輸、佐川急便、日本郵便へ荷物の引き渡しを行う。

物流センターからは出荷報告データが戻ってくるので、顧客ごとの配送問い合わせナンバーを顧客に送信し、当日の業務は終了する。

アフターコロナで生き残るEC通販とは？

前章で述べたとおり、アフターコロナでは一貫性を持った顧客体験を提供できるEC通販事業者のみが生き残っていく。

それには、マーケティング調査からペルソナ、カスタマージャーニーマップといった顧客理解とともに、顧客とコンペチターの変化を常にキャッチできる仕組みを整えておくことが必要である。

質の高い顧客体験を提供するには、マーケティングとマーチャンダイジング（ＭＤ）がやはり鍵を握る。そうしたコア業務に自社の人的リソースを集中するには、他の業務でＢＰＯを積極的に活用すべきであることは明白だ。

ただし、ＢＰＯの活用においてコストばかり気にして、「安かろう、悪かろう」に陥っては本末転倒だ。ＢＰＯの選択においても、「一貫性を持った顧客体験の実現」を意識しなければならない。

本章では、商品データ作成から受注、物流、決済まで、最新のＢＰＯ事情を紹介していく。

2 商品データ作成　売れる商品写真、コピーライティングはプロの手で！

「商品データ作成」に必要な「ささげ」

ＥＣ通販では、販売する商品を準備したら、次に「商品データ」を作成しなければならない。店舗では通常、顧客は棚に陳列された商品を直接、手に取って確認できる。しかし、ＥＣでは基本的に、顧客が目にすることができるのは「商品データ」だけだ。ＥＣ通販ではそれだけ、「商品データ」が重要なのである。

「商品データ」を作成するための主な業務は、商品の撮影、採寸、原稿ライティングの３つだ。これをＥＣ業界では頭文字を取って「ささげ」業務と呼んでいる。スタジオで商品を撮影し、商品のサイズや材質といったスペックのデータを起こし、さらに商品特徴を伝え、顧客に買いたいと思わせる原稿をつけて、初めて各ＥＣモールに出品できる。

スクロール３６０では物流センター内で「ささげ」業務を行うことにより、よりスピーディな対応を可能にしている（図表31）。商品が到着するのは物流センターであり、そこ

図表31　スクロール360における「ささげ」業務の流れ

1．ささげ希望リスト（商品名、JANコード）

↓

2．スタジオに商品着荷⇒付け合せ＆仕分け、撮影準備

↓

3．採寸

↓

4．撮影

↓

5．画像データの調整（レタッチ）

↓

6．コピーライティング（商品説明文の作成）

↓

7．デバッグ（カット漏れ等のチェック）

↓

8．画像やスペックデータのフォーマット化⇒アップロード

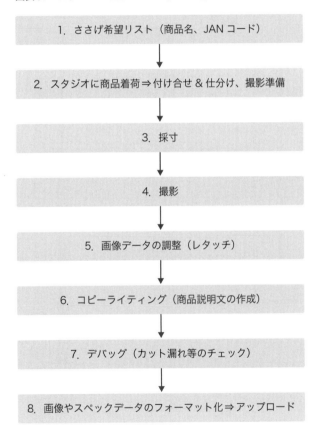

から専用スタジオに移動させるのは、時間とコストの無駄だ。

さらに、自社のスタッフで簡易的に「ささげ」業務を行っている物流センターもあるが、スクロール360では専業の株式会社ささげ屋とアライアンスを組んでサービスを提供している。プロフェッショナルと素人では、商品データの写真画像や原稿のクオリティが違う。

ささげ屋は本社が東京にあり、2012年1月から「ささげ」のアウトソーシング受託を開始した。社内に専属のカメラマンやライターを擁し、いまや業界最大手となっている。スクロール・ロジスティクス・センター磐田（通称SLC磐田）に同社の分室が開設されたのも2012年1月からだ。現在は専任スタッフ8名の体制で、ファッション雑貨のほかサプリメントや健康食品などのささげ業務を行っている（図表32）。

作業能力はアパレルであれば1ブース75～100SKU（1SKU当り7～8カット）を撮影し、トリミング、レタッチ、採寸、ライティングまで行う。スクロールグループのAXESでは、コーチのバッグといったハイブランドの雑貨が多く、1日1ブース40～50SKU、3ブースで100～150SKUの業務キャパシティとなっている。

また、通常はデータを顧客に納品して終わるのだが、磐田分室では楽天市場、Yahoo! JAPAN、Amazonといったモールへの商品掲載（データ・アップロード）まで行っている。

図表32　スクロール360における「ささげ」業務の様子

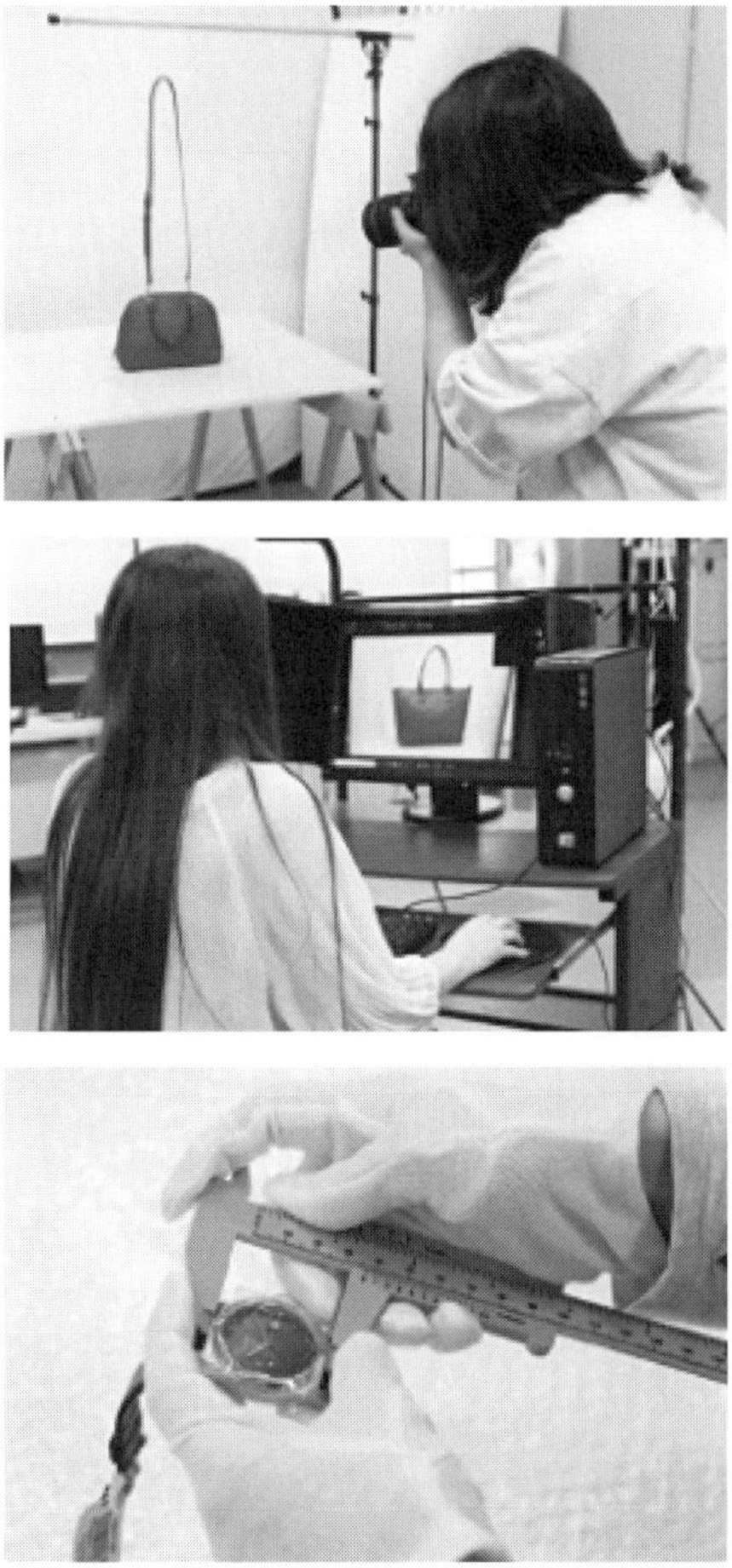

つまり、ＥＣ通販事業者は物流センターに届く商品のうち、「ささげ」したいリストさえ渡しておけば、自社の社員が何もしなくても、商品データの作成から販売開始まで自動でできるのである。

これも、ささげのプロフェッショナル・ささげ屋が長年蓄積してきたノウハウとスキルの賜物であることは言うまでもない。

実際、それぞれの作業には品質確保の様々な注意点とテクニックがある。例えば、カメラのレンズは人間の目より赤色を拾いやすく、撮影した画像と実物の色を人間の目で比較しながらの色味調整がかかせない。

また、白と黒の商品撮影は一番難易度が高い。ライティングに注意しないと画像が飛んだり、黒がつぶれたりする。スマホとＰＣでは微妙に見え方が異なるので、どちらを優先するかはクライアントに確認する必要がある。

商品の画像とコピーライティングで売れ方が大きく変わるということは、カタログ販売60年のスクロールで、嫌というほど経験している。

プロフェッショナルなアウトソーサーを活用し、売れる売り場を作ることをお勧めする。

3　顧客体験を成功に導くコンタクトセンター

コンタクトセンターにはEC通販の業務知識が不可欠

通販業界ではかつて受注業務を行う部門を「コールセンター」と呼んでいたが、現在、EC通販では「コンタクトセンター」と呼ぶのが一般的だ。顧客との通信手段が、電話からメールに移ったからだ。オペレーター席の両脇にあった仕切りも、今では取り外されている。メール対応が大半となり、隣の席の新人をベテランのオペレーターが細かく指導するのに仕切りが邪魔になるからだ。

注文データに付いてくるコメント、大量に舞い込むメールといった顧客からの要望を正確に処理し、顧客体験を最高のものにするミッションを帯びているのが、コンタクトセンターである。

現在のコンタクトセンターでは、「どれだけEC通販の業務知識があるか」がサービスのレベルを左右する。顧客対応の具体的なケースを見てみよう。

【ケース1】

顧客

「ギフトの注文をしたけど、代引きにしてしまった。送り先を自宅に変更してほしい」

一般的なコンタクトセンター

「すでに発送済みですので送り先変更はできかねます」

業務知識のあるコンタクトセンター

「同じ配送センターのエリアでしたら、発送済みでも送り先変更は承ります」

顧客

「それではお願いします」

【ケース2】

顧客

「注文したけど納期が遅いのでキャンセルしたい」

一般的なコンタクトセンター

「キャンセルを承りました」

業務知識のあるコンタクトセンター
「（商品の入荷予定を確認し）ご注文の商品ですが、本日、入荷がございます。明日には発送可能ですが、いかがいたしましょう」
顧客
「良かった。それなら明日送ってほしい」

【ケース3】
顧客
「不良品がまた届いた。回収してほしい」
一般的なコンタクトセンター
「承知しました。回収にお伺いいたします」
業務知識のあるコンタクトセンター
「（過去の回収時のデータを確認し）前回、回収にお伺いしましたのは、ご自宅ではなく、お勤め先だったのですが、今回はいかがいたしましょう」
顧客
「よく覚えているね。それじゃ、勤務先へ回収に来てください」

このように、EC通販の顧客対応には特有の「勘所」があって、それを知らずに対応すると、表面的には間違っていないが、顧客体験としてはいまいちの対応になってしまう。どのくらいEC通販の顧客対応経験があるか、どれだけのEC通販企業からコンタクトセンター業務を受けているかで、そのセンターのサービスレベルは推測できる。

顧客体験を最高のものにするには、コンタクトセンターの選定は重要なポイントである。

コンタクトセンターと物流センターの連携力

コンタクトセンターの選定では、コンタクトセンター単独の評価のみならず、物流センターとの連携力も重要である。

これまで説明したとおり、フルフィルメントの業務は密接に繋がっている。ところが、それらを別々のBPO企業が受け持つ場合もあり、連携力が問われるのだ。

その点、スクロール360では、グループ会社間でシームレスな連携を実現しており、EC通販事業者に負担をかけないBPOサービスを提供している。コンタクトセンターと物流センターとの連携はそのひとつだ。具体的な業務の流れを見てみよう。

図表33のフローの3番目に「処理を急ぐメールの対応処理」があるが、これは物流セン

図表33　スクロール360におけるコンタクトセンターと物流センターの連携フロー

1. メール振り分け⇒処理別のフォルダに移動
2. 受注データのダウンロード
3. 処理を急ぐメールの対応処理⇒キャンセル、当日出荷、入金確認
4. 全体のメール確認⇒問い合わせ、ギフト加工等、後払い与信 NG 対応
5. 物流センターへ出荷指示データ送付
6. 出荷終了後、出荷報告データ受領⇒各モールへ出荷報告処理
7. その他　メールおよび電話問い合わせ対応

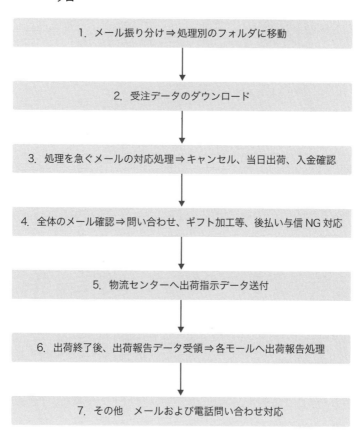

図表34　コンタクトセンターにおける3者同時中継の様子

ターのスケジュールと連動している。
　例えば、配送日が翌々日と指定されており、配送先が翌々日の配送エリアだとすると、今日、出荷完了しなければならない。ところが物流センターとの取り決めでは、13時までの出荷指示データ分が、当日出荷できることになっている。どうしても13時までのデータに間に合わせなければならないが、少しデータの締めが遅れそうなときこそ、連携力が試される。
　図表34を見てほしい。スクロール360のコンタクトセンターでは、EC通販事業者のオフィスと物流センター（3カ所）が同時中継でつながっている。出荷指示データが遅れそうなときなどは、リアルタイムなコミュニケーションで顧客であるEC通販事業者の希

望通りの出荷ができるよう調整していくのだ。

他にも、次のような連携事例がある。

【ケース1】

顧客から「バッグの持ち手は本革ですか？」と商品の詳細を聞かれたとき、商品データに記載のない事項については、コンタクトセンターでも回答のしようがない。そこで、コンタクトセンターから物流センターに商品コードと問い合わせ内容を送信する。すると、物流センターのスタッフが、商品の棚まで行って素材を調べて返信する。

【ケース2】

出荷指示データを物流センターに送信後、顧客からキャンセルのメールが届いた。コンタクトセンターには、物流センターのシステムへ直接、出荷キャンセルを指示できる機能が備えられている。そのため、コンタクトセンターからいったんEC通販事業者にキャンセルの連絡をし、さらにEC通販事業者から物流センターに指示を出すといった〝伝言ゲーム〟をする必要がない。

スクロール360の物流システムでは、まず顧客に送る納品明細書のバーコードを読み、

図表35　物流センター内のバーコードスキャナーと送り状プリンター

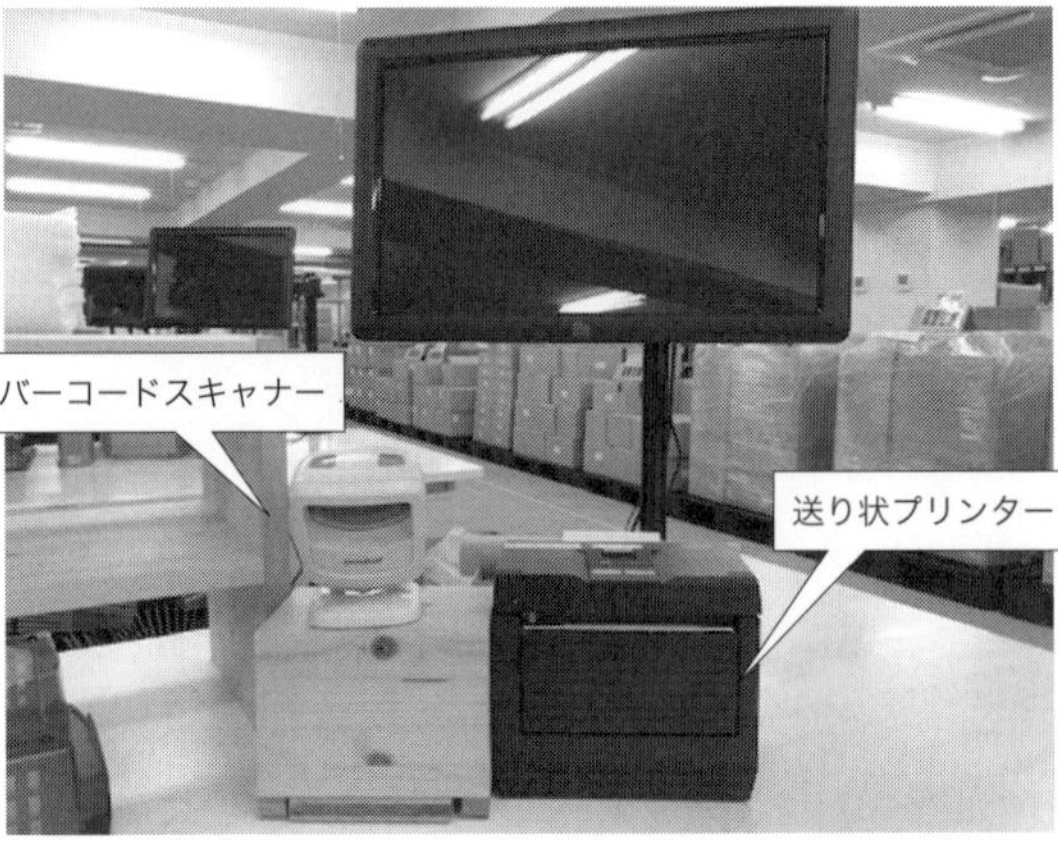

次に箱詰めする注文商品のバーコードを読み、両者が一致して初めて送り状がプリンターから出力される。送り状が発行されるまでは、キャンセルも送り先情報の修正も可能だ（図表35）。

希望の住所データをコンタクトセンターで入力し直せば、物流センターでは新しい住所が印字される。

ただし、伝票が発行された後、最終手段として出荷バースまで該当の荷物を探しに行き、送り状の差し替えをすることも可能だが、この時はイレギュラー処理として有料となる。

4　支払い方法に「後払い」の選択肢を

支払い方法はバリエーション豊富な方が良い

ＥＣ通販における支払い方法では、クレジット、代引きに加えて、「後払い」があった方が良い。一般的にクレジット、代引きしか支払い方法がないところに「後払い」を加えると、20％ほど受注が増加する傾向がある。ここでは「後払い」について解説しておこう。

図表36は、後払いを導入したＥＣ通販事業者の出荷件数の推移を示している。それまで低迷していた出荷件数が、後払いを導入した2月以降、伸び始め、6月には１４０％となった。後払いを選択する比率は34％であり、成長分の多くが後払いの顧客であったことが分かる。

なお、このケースは後払いの導入後、キャンペーンとして後払いを選択するとお得になるプランを打ち出したためここまでの伸びとなったが、スクロール３６０の物流クライアントの平均では１２０％の成長が実現している。

支払い方法として「後払い」を追加するだけでなぜ、ここまで売上が増えるのか。理由として考えられるのは次のような点だ。

そもそも、高校生や専業主婦などクレジットカードを持っていない顧客が一定数いる。また、セキュリティへの不安からクレジットカードをネットで使いたくない、「代引き」は配達時に家にいなければならず使いにくい、商品を実際に見て納得してから支払いたい、といった顧客もいる。

「後払い」のニーズは想像以上に多いことを理解しておくべきである。

「後払い」は審査スピードと貸倒率が重要

現在、EC通販向けに「後払い」サービスを提供する企業は9社ほどある。基本的なサービスはほぼ同じだが、EC事業者の視点で重要なのは、審査スピードと貸倒率である。

審査スピードが速ければ、それだけ顧客にとっては審査結果が早く分かる。ネット利用者は時間（速い遅い）の感覚が鋭い傾向があり、「後払い」についても同じことがいえる。審査スピードの速さは、顧客体験の向上につながるはずだ。

もうひとつは、貸倒率である。後払いを選んだ顧客が万が一、支払い不能となるリスクは「貸倒れ」サービスを提供する企業が負担し、EC通販事業者には全額、購入代金が

図表36 「後払い」を導入したEC事業者の出荷件数の推移

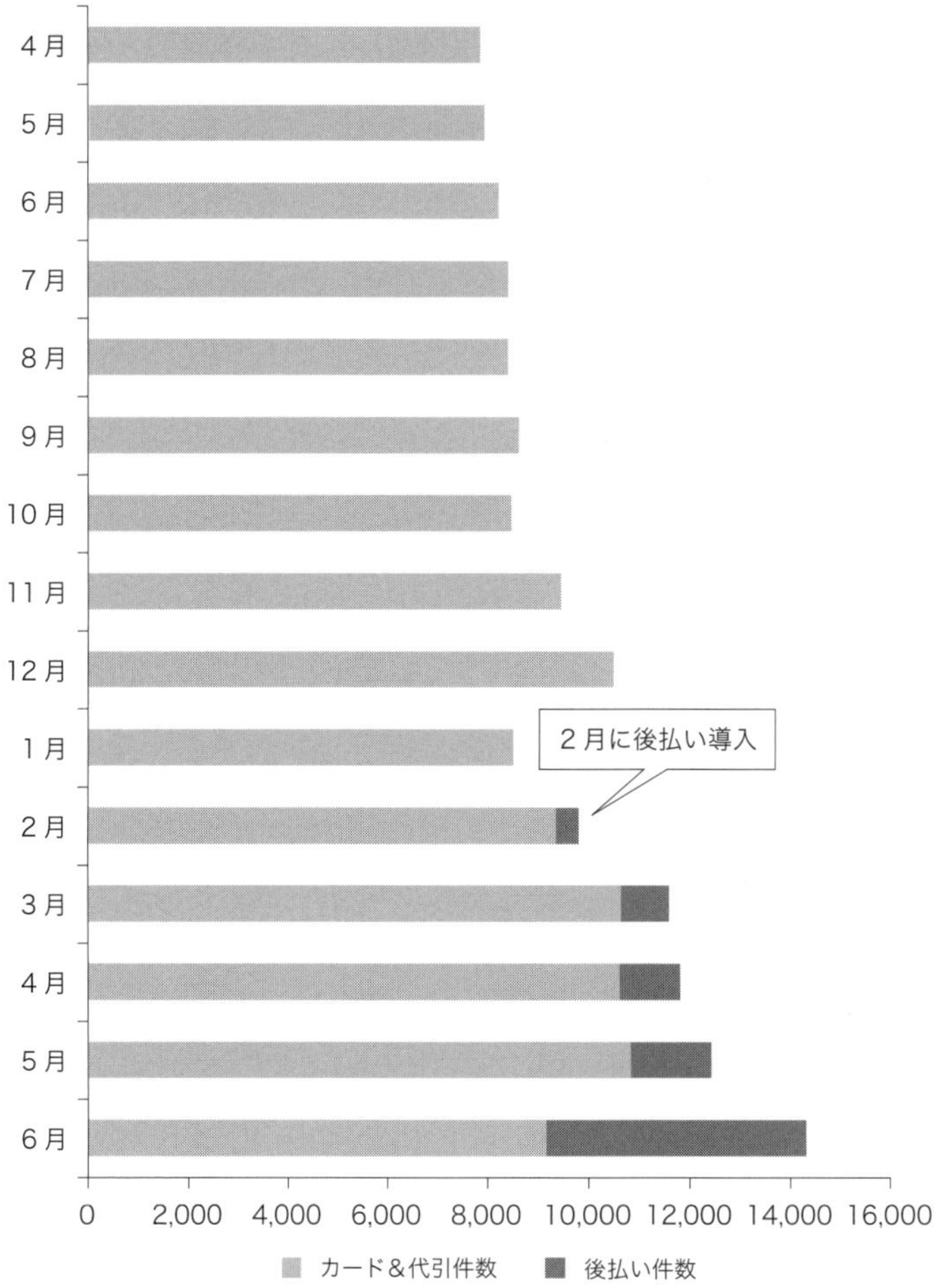

支払われる。しかし、貸倒率が高いと、それは利用料に跳ね返る。貸倒率が低ければ、利用料がその分、低くなるのである。

こうした点から紹介したいのが、「後払い.com」である。2013年、スクロール360は「後払い.com」を運営する株式会社キャッチボール（CB社）をM&Aした。「物流代行」を得意とするスクロール360と「後払い.com」が合体することで、EC事業者にシナジー効果を提供することが目的だ。CB社は当時、ベンチャーの独立系企業で、資金力、信用力、システム力がそれほど強くなく、スクロールグループに入ることは双方にとって良い組み合わせといえた。

そもそもスクロールでは、60年以上前からカタログ販売の支払い方法を「後払い」としており、後払い審査のノウハウとデータを豊富に持っている。例えば一度、貸し倒れになったユーザーは、次に注文するとき、住所と名前を〝揺らして〟別人に成りすます傾向がある。そうしたノウハウをもとに、独自の審査システムを自社開発している。このシステムをCB社に導入することで、CB社の審査能力は大幅に強化され、他社より審査のスピードが速いといわれるようになった。また、貸倒率が低下することで、料金も業界最安値となっている。

後払い用のCVS振込用紙についても、スクロール360の物流センターで印字し、商

図表37 「後払い」主要3社の比較

※表示価格は特記を除きすべて税別表記		後払い.com		NP後払い		GMO	
		https://www.ato-barai.com/		https://www.netprotections.com/		https://www.gmo-ps.com/service/	
		決済手数料	月額固定費	決済手数料	月額固定費	決済手数料	月額固定費
料金	Aプラン	4.8%	0円	5.0%	0円	4.7%	0円
	Bプラン	4.2%	4,500円	4.4%	5,000円	4.2%	4,500円
	Cプラン	3.5%	18,000円	3.6%	20,000円	3.4%	18,000円
	Dプラン	2.8%	45,000円	2.9%	48,000円	2.7%	45,000円
	請求手数料	葉書：169円、同梱：85円		封書：190円、同梱：85円		封筒：180円、葉書：150円、同梱：89円	
決済上限額（税込）		なし		55,000円（他店でのお買い物も累計される）		55,000円（他店でのお買い物も累計される）	
サービス内容	支払い可能窓口	コンビニ・銀行・郵便局		コンビニ・銀行・郵便局		コンビニ・銀行・郵便局	
	サポート対応日時	年中無休（年末年始を除く）9:00～18:00		定休日：土・日曜・祝祭日 10:00～17:00		定休日：土・日曜・祝祭日 10:00～17:00	
	リアルタイム与信機能	有		2020年～実装予定		有	
	注文キャンセル手数料	無料		有料（請求手数料の実費）		有料（請求手数料の実費）	
	請求期限	14日間		14日間		請求期限が請求書発行日を含むため、実質13日間	

出典：各社ホームページより

品と同梱することで郵送コストを抑えている。振込用紙を郵便で別送すると、商品の到着時に「後払いで頼んだのに、なぜ振込用紙が入っていないのか？」というクレームが入る。商品と同送するほうがクレームは少ない。

なお、ＥＣ通販向けに「後払い」サービスを提供している主要3社の概要を図表37にまとめた。

第5章

アフターコロナの物流アウトソーシング

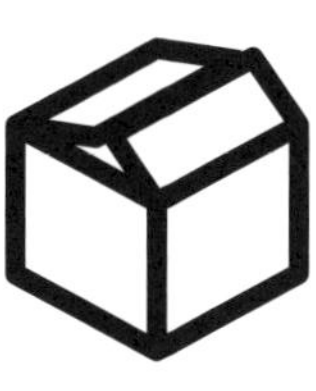

1 アフターコロナに求められる物流センターの条件

物流を制する者がアフターコロナを制する

新型コロナウイルスの感染が急速に拡大する中、人の動きが止まり、店舗が閉まった。そのため、ＥＣ通販には大きな追い風が吹いた。ＥＣに買い物客が殺到したのである。

しかし、せっかく注文が増えたにもかかわらず、物流キャパをオーバーして発送が遅れまくり、チャンスを逃したＥＣショップが少なくない。一方で、大量の注文に対してもコロナ以前と変わらず、日々のオペレーションを悠然とこなし、乗り切ったＥＣショップもある。

実際、スクロール３６０が物流を受託しているＥＣショップの中には、前年同月比10倍もの売上アップを記録しながら、出荷遅れもなく、コロナ特需を取りこむことができた企業がある。逆に、世間では物流のキャパオーバーで注文客を何日も待たせ、レビューが炎上したショップも続出した。

その差はどこにあったのか。物流アウトソーシングを適切に活用できたかどうか、である。EC通販業界では「物流を制する者がアフターコロナを制する」といっても過言ではない。

本章ではアフターコロナでの物流アウトソーシングのやり方やEC物流事業者を選ぶポイントなどを解説していく。

自社倉庫からの自社出荷が抱える決定的な弱点

2020年1月に自社物流を諦め、スクロール360の物流センターに移転してきたEC事業者がある。様々な手芸用品を販売しており、「生地の切り売り」が人気のショップだ。それまでは自社ビルの中に在庫を置き、社員が出荷作業を行っていたのだが、フロアが2階層に分かれ、トラックが停車するバースもないなど、たいへん苦労をしていたという。そこで、スクロール360の物流センターに物流業務を丸ごと、アウトソーシングしたのである。

アウトソーシングして2カ月後の3月、新型コロナウイルスの感染拡大で注文が爆発した。手作りマスクの生地注文が殺到したのだ。最高で1日1200枚の生地をカットして、出荷した。

また、生地の仕入れも強化したため、パレット積みの生地が大量に入荷し、移転当初の500坪をはるかにオーバーしたため、物流センターの保管ラックを拡張した。

もし、2020年1月に物流移転を決断していなかったら、どうなっていたか。タイミング的にギリギリだったといえる。

自社の倉庫から、自社の社員が行う出荷は、出荷ルールに融通が利いたり、商品在庫をすぐに確認できたりといったメリットがあるが、2つの決定的な弱点を抱える。

①出荷量の波動に対応できない

②出荷場の拡張性を担保できない

まして、今回のコロナ特需のように、前年同月比10倍の出荷となると自社社員では対応不可能だ。

受注増というと、出荷の人員だけ気にする人がいるが、入荷増も同時に起こる。出荷にばかり気を取られていると、入荷検収前の商品が山積みとなり、「商品が倉庫に届いているのに欠品」といった現象も起こる。

物流においてはある意味、「スペースは力」だ。ゆとりのスペースがあるのとないのでは、需要の大きな波動が来たときに致命的な差が出る。そのため、スペースの拡張性は重要なポイントなのだ。

出荷量の波動に柔軟に対応できる人員規模

アフターコロナ時代に、物流アウトソーシングの重要性は高まる一方である。しかし、ただアウトソーシングすればよいというものではない。ビフォーコロナ時代の常識は通用しない。アフターコロナに求められる物流センターの条件を5つ、挙げておきたい（図表38）。

第1の条件は、出荷量の波動に柔軟に対応できる人員規模があることだ。スペースと同様、「数は力」である。

平均的なEC物流では、1人が1日に出荷できる件数は50件だ。商品の大きさやオーダー点数によって変動するが、1日1000件の出荷なら20人いれば定時で出荷が完了する。

そこにコロナ特需で6倍、6000件の受注が来たとしたらどうだろう。普通に考えれば人員も6倍の120人、確保しなければならない。しかし、100人を追加採用するのも大変だが、将来、コロナの感染拡大が収まり、特需が終われば今度は、100人の雇用維持の問題が出てくる。

「数は力」の法則から言うと、スタッフ数の多い物流センターほど、こうした出荷量の波動に柔軟に対応できる。

例えば、スクロール360のメインの物流拠点であるスクロール・ロジスティクス・センター浜松西（SLC浜松西）にはスタッフが1000名いて、常時出社は600名だ。スクロール360が受託しているECショップは20社あり、これらのスタッフが土日を含めシフトを組んで毎日、約2万件の出荷を行っている。

あるショップの出荷量が急増した場合、その出荷場に要員をシフトする。物流を代行しているショップが多いため、出荷が増えているショップもあれば、落ち込んでいるショップもあり、全体で調整すれば100名単位のシフトも可能だ。

ただし、そのためには各ECショップから前月末に翌月の出荷予測件数をもらい、日々の必要スタッフ数の予測を立てる。

重要なポイントは「Man Hour＝MH」という考え方だ。ECショップ別に「MH」の指数を持っておくのである。

例えば、Aというショップは1名で1時間に10件の出荷ができる。140件の出荷予測であれば、14MHが必要だ。1日7時間労働だとすると2名×7時間で14MHとなる。翌日の出荷予測数が140件ならば、2名の要員をアサインすれば良い。

図表38 アフターコロナ時代の物流センターの条件

条件1 出荷量の波動に柔軟に対応できる人員規模があること

条件2 出荷増でも品質の落ちないシステムとマテハン機器を装備していること

条件3 BCPの観点から多拠点化に対応できる全国展開を行っていること

条件4 適切な感染症対策が可能な管理体制や労働環境を整備していること

条件5 ワン・トゥ・ワン・マーケティングに対応したコミュニケーションを提供できること

このように20社のＥＣショップの出荷に必要なＭＨをそれぞれ事前に予測し、日々のシフトを組んでいるのである。

ショップ別にスタッフは固定しているが、出荷量の波動によって配置はフレキシブルに見直す。午前と午後でも必要なＭＨを確かめながら、シフトを動かす。

なお、出荷量の波動に柔軟に対応する上で、もうひとつ重要な要素は、物流を引き受けるショップの組み合わせである。すべてがモール出店メインのショップだと、モールがセールなどを実施したとき、全部のショップの出荷が増え、さすがの大規模物流センターもパンクしてしまう。

しかし、スクロール３６０のクライアントであるショップは、モール出店系が50％、リピート通販系が50％とバランスがとれており、波動の調整がしやすい。

なお、ＳＬＣ浜松西の隣りの敷地には佐川急便浜松営業所のセンターが建っている。スクロールの物流センターが竣工した翌年に移転してきた。配送キャリアのセンターとの距離も重要なポイントだ。

近くにあればあるほど集荷時間にゆとりができる。昨今の物流クライシスで集荷時間を早められたＥＣショップはたくさんあるが、隣りという立地のお蔭で、スクロール３６０の集荷時間はギリギリでも間に合うようになっている。

出荷増でも品質の落ちないシステムとマテハン機器

アフターコロナ時代に求められる物流センターの第2の条件は、出荷増でも品質の落ちないシステムとマテハン機器を装備していることだ。

第1の条件である人員規模と同じように、システムや設備機器においても出荷量の波動、特に出荷増に対応できるキャパシティーが必要である。

この条件を満たしていない物流センターでは、人員が足りていたとしても、コロナ特需のようなケースでは注文の集中をさばき切れず、パンクする危険がある。

この点、SLC浜松西はカタログ通販で60年以上の歴史を持つスクロールの物流センターと併設しており、敷地は1万5000坪、建物の延べ床面積は2万坪以上の巨大なセンターだ。

この物流センターをコントロールしているのが、EC物流受託20年のノウハウをつぎ込んだ自社開発のシステム「L-spark」である。

「L-spark」は、いわゆるWMSの一種だ。WMSはWarehouse Management Systemの略で倉庫管理システム、または在庫管理システムと訳される。

WMSの大きな機能は3つあり、EC物流の優劣はWMSで決まるといわれる。

①在庫管理（入荷、検品、保管、ピッキング、出荷等の在庫管理）

②出荷指示データからの伝票類出力

③出荷進捗管理

①の**「在庫管理」**では、入荷検収時に事前に送られてきた「入荷予定データ」をもとに、入荷した商品個々のバーコードラベルを読み取ることで、正確な入荷検収が可能となる。また、入荷検収後、商品を商品保管棚に入れる際に、棚のロケーションバーコードと商品のバーコードを読み取り、どこの棚に商品が保管されているかを管理していく。食品等の賞味期限のあるものについては、ロット毎の賞味期限と出荷期限をデータで保持するのもWMSの役割となる。

②の**「出荷指示データからの伝票類出力」**では、作業効率改善のための様々な機能がWMSに付加されている。ここがWMSの優劣を決めるところでもある。

例えば、顧客からの注文を10行でオーダーピッキングする場合、顧客のオーダー順にピッキングに行くと、棚の間を行ったり来たりしなければならない。

そこで、WMSによって一番効率的なピッキング順に指示書をつくる。図表39はひとつの事例だ。顧客のオーダー順はバラバラだが、WMSが作成するピッキング指示書では、棚番順にピッキングする指示になっており、担当者（ピッカー）は一筆書きを描くように

図表39　WMSによるピッキング指示書の例

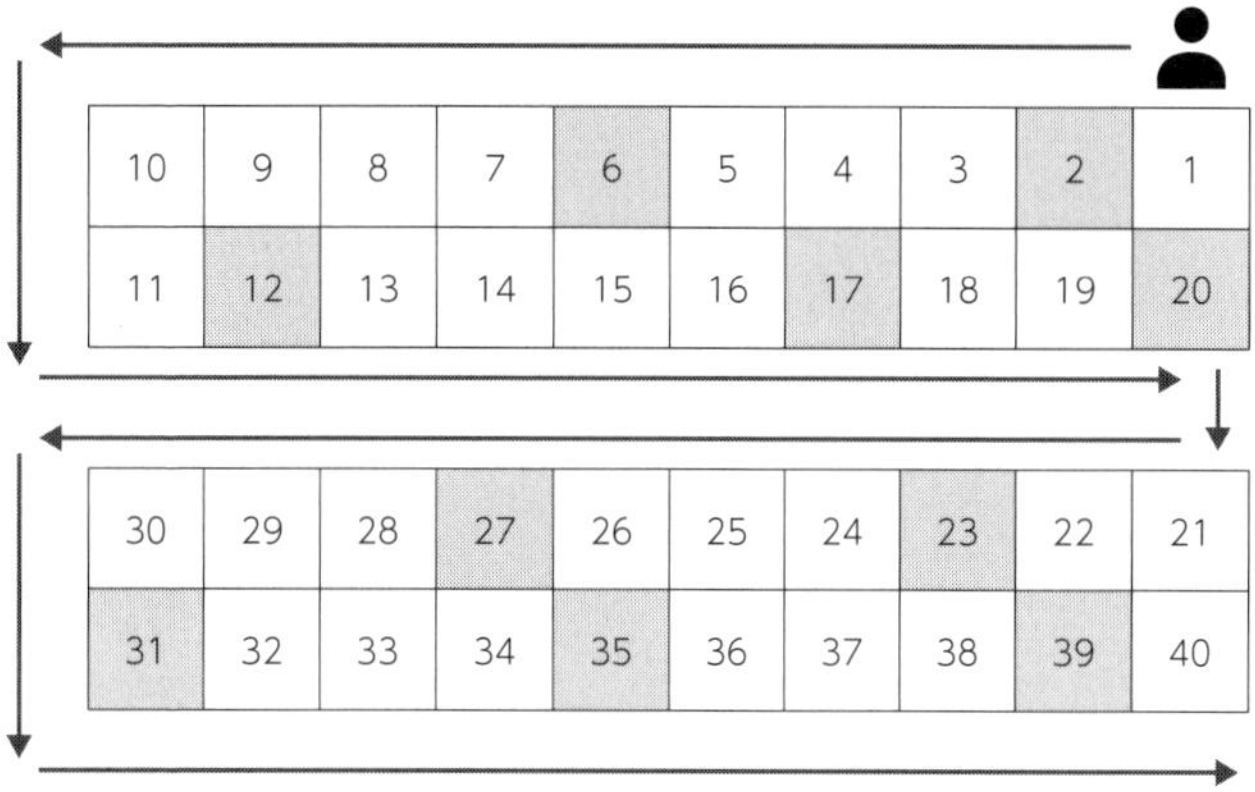

効率的に動き、ピッキングが完了する。

　より効率的にピッキングを行うために、複数人分のオーダーを統合し、まとめてピッキングしてきた後、個々の顧客に振り分ける方法もある。ピッキングする棚の粒度が細かくなるためさらにピッキング効率はアップする。

　次ページの図表40はGAS（Gate Assort System）という仕分けを補助するマテハン機器だ。

　32個のゲートがあり、商品のバーコードを読むと購入客の伝票が入っているゲートが開き、そこに商品を入れる仕組みだ（伝票は事前に各ゲートに割り振られている）。

　GASを使うと、32人分のピッキングをまとめて棚番順に行い、その後、仕分けることで作業効率が上がる。スクロール360で導

図表40　GAS (Gate Assort System)

入したところ、初日にして導入前比160%の効率化ができた。

このように、WMSはECショップの特性に合わせて、出荷効率の上がる作業手順を用意していく。自社物流ではなかなか投資できないマテハン機器でも、EC専用の物流センターであればいろいろなショップと共有しながら投資していけるのも強みとなっている。

③の **「出荷進捗管理」** では、当日の出荷予定数と実際の出荷指示数のギャップをいち早く察知し、シフトを組むことが重要だ。

出荷予定が1000件だったが、テレビ番組で取り上げられて3000件になった時、作業の進捗率が高いショップの人員を、波動が出たショップに移すのである。

図表41は物流センターのコマンドルームの

図表41　クライアント別進捗率一覧のモニター

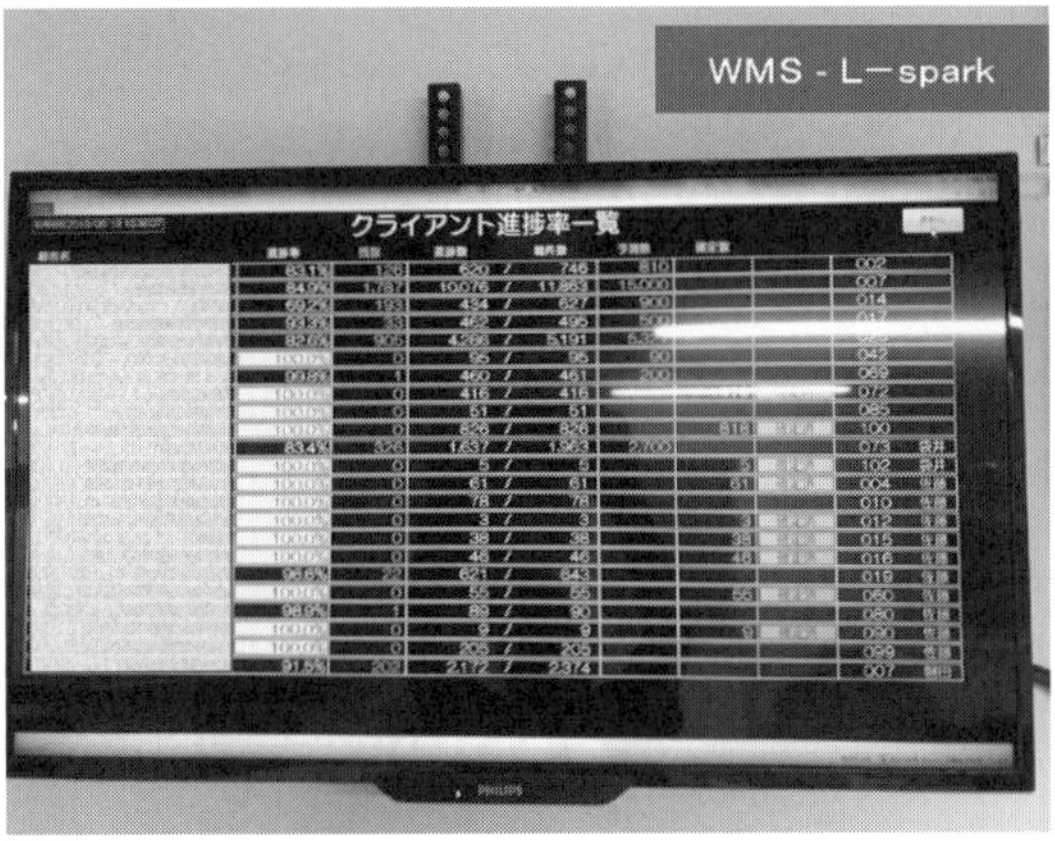

壁に掛かるクライアント別の進捗率一覧だ。当日の出荷指示件数に対して進捗状況がひと目でわかる。

マネージャーはこのモニターで状況を把握し、適切に要員の配置替えを行い、当日内にすべてのＥＣショップの出荷が完了するように運営している。

「Ｌ-ｓｐａｒｋ」の特長的な付加価値機能

スクロール360独自のWMS「Ｌ-ｓｐａｒｋ」には、こうしたWMSの3大機能に加え、より進化した特長的な付加価値機能が備わっている。それを紹介しておこう。

①送り状のオンデマンド印刷機能

第4章でも説明したが、「Ｌ-ｓｐａｒｋ」では、顧客別の送り状は注文データと商品検品データが合って初めて印刷される。そのため印刷がされる前の段階であれば、キャンセルも住所変更もWEB上で操作できるようになっている。

ECショップにキャンセルが入った場合、「Ｌ-ｓｐａｒｋ」の管理画面でその顧客の送り状が印刷されたかどうか確認し、印字前であればECショップは出荷キャンセルボタンで出荷を止められる。いちいち物流センターに電話する必要はない。住所の修正も同じ操作だ。

②物流ＫＰＩ分析機能

物流現場には様々な経営指標データがある。入荷したら仕入れと商品在庫、出荷したら売上といったデータがWMSに残るので、それを集計し、月次でECショップに紹介するようにしている。

例えば、2カ月以上出荷のない商品リスト、商品の在庫点数と1カ月の出荷点数からの在庫の消化月数などだ。発注ミスで今ある在庫がなくなるまで10年かかるといった商品が発見されるときがある。

③動画再生システム

商品を検品梱包する作業場には、動画撮影するカメラが設置されており、動画は2カ月程度保存される。

「3点注文したのに2点しか入っていなかった」といったクレームが入った場合、どの受注ナンバーの出荷作業かを割り出し、それを担当した作業員と作業時間を特定する。出荷作業が完了するごとにタイムスタンプを記録しているのでさかのぼるのは容易だ。そして、作業状況を動画で確認して回答するのである。これが動画再生システムだ。

図表42の右下写真は、クレームのあった作業時間の再生動画の画像だ。商品の画像までは鮮明に映っていないが、何個封入したかははっきりと確認できる。

月に2~3回、動画確認の依頼が入るが、誤送はほぼゼロだ。もともと、間違えて出荷できないシステムを採用している。納品明細書と商品のバーコードを読んで、合っていなければ送り状が出ないシステムのため、誤送の確率は0・0016%以下だ。

ただし、ゼロでないのは、やむなく短期バイトや派遣を入れた場合に誤送が起こることがあるからだ。スクロール360のルールでは、複数点の出荷の場合は、必ず1点ずつバーコード検品をすることになっているが、短期バイトがこのルールを破り、1点のバーコードを複数回読んで、間違った点数なのに合ったと勘違いして封入してしまったことがある。決められたルールを破ったケースがほとんどであり、現在は極力、短期バイトや派遣を入れない体制で運営している。

多拠点化に対応できる全国展開

アフターコロナ時代に求められる物流センターの第3の条件は、「多拠点化に対応できる全国展開」だ。

アフターコロナ以降、BCP（Business Continuity Plan）の観点で1拠点だった物流センターを2拠点にしたいというニーズが高まっている。

物流センターで感染者が出て、業務がストップする事故も国内で起きている。火事や地

図表42　動画再生システムの概要

動画撮影カメラ

動画再生システム

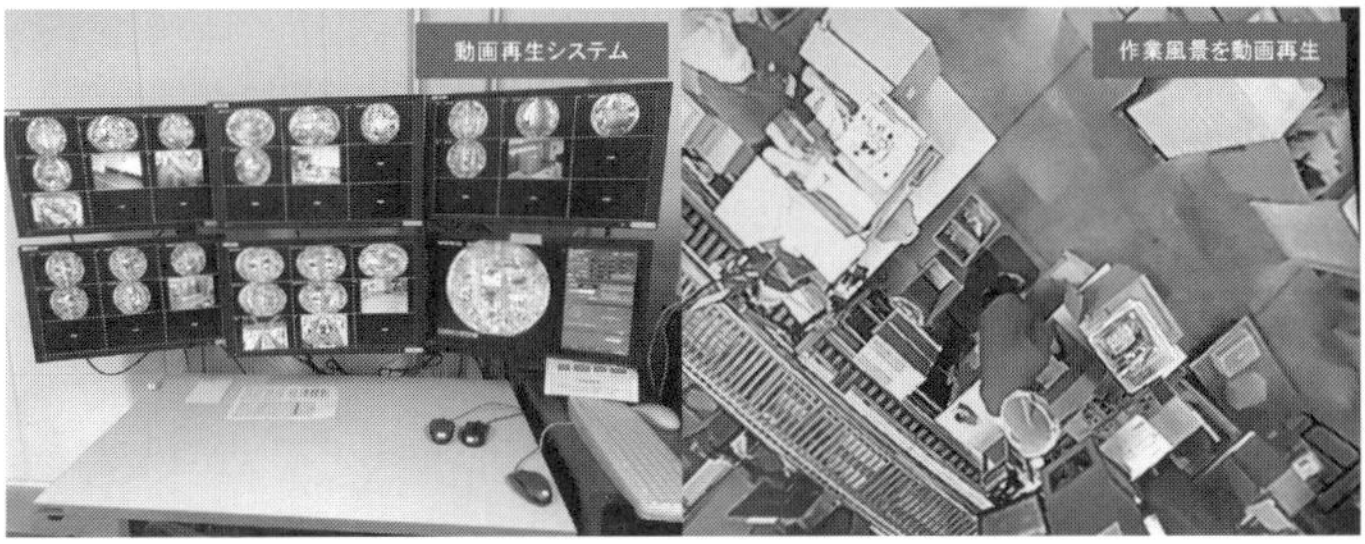

震といった災害の多い日本では、1カ所の物流センターが止まる、もしくは能力が半減するといった場合、もうひとつのセンターが機能していれば事業継続は安心だ。

スクロール360の「L-spark」は、ECショップから一括で出荷指示データをもらえば、複数拠点で在庫引当を行い、物流センターに近い顧客を選び、出荷指示データを分割する機能を持っている。これがないと、ECショップのほうで在庫引当と顧客住所を見ながらデータを分割しなければならない。

なお、「L-spark」の多拠点化対応機能には3つのバージョンがある（図表43）。

多拠点化バージョン1・0では、ECショップのほうで2拠点に出荷指示データを振り分ける。

多拠点化バージョン2・0では、ECショップの担当者が一括して出荷指示データを送れば、「L-spark」が自動的に2拠点の在庫と顧客の振り分けを行う。

多拠点化バージョン3・0では、受注処理を360コンタクトセンターにアウトソーシングし、日々の出荷指示はコンタクトセンターから「L-spark」に直接送られ、2拠点出荷が可能となっている。

図表43 「L-spark」の多拠点化対応機能のバージョン

	EC事業者	スクロール360		
		コンタクトセンター	L-spark（物流管理システム）	物流センター
多拠点化 ver.1.0	EC担当者が受注データを最適な2拠点に分割して送信する →	→	→	2カ所の物流センターでデータ受信して出荷
多拠点化 ver.2.0	EC担当者は受注データを分割せずにL-sparkに送信する →	→	L-sparkが顧客の住所と在庫データを確認し、最適なセンターにデータを送信する	2カ所の物流センターでデータ受信して出荷
多拠点化 ver.3.0	受注処理業務は360コンタクトセンターにBPO委託（EC担当者は受注～出荷の業務から解放される） →	コンタクトセンターが受注処理対応をし、L-sparkに出荷指示を行う	L-sparkが顧客の住所と在庫データを確認し、最適なセンターにデータを送信する	2カ所の物流センターでデータ受信して出荷

茨城県つくば市にSLCみらいがオープン

スクロール360の物流センターは、これまでは浜松市を中心としたエリアでの展開だったが、一昨年開設のSLC関西、北海道千歳センターに続き、2020年5月に茨城県つくば市にSLCみらいがオープンした（図表44）。関東圏で初めてのセンターであり、今後の全国展開の先鋒となるセンターだ。

SLCみらいの竣工により、北海道、関東、東海、関西と連携した物流展開が可能となる。商品を分散して保管し、注文した顧客に一番近い物流センターから出荷することで、リードタイムと配送コストがより最適化できる。

BCPの観点からも、1カ所のセンターが災害や感染症の影響を受けても、他の拠点から出荷することで事業継続が担保される。

SLCみらいには、「L-spark」はもちろん、SLC浜松西と同レベルのマテハン機器が装備されているほか、スタッフが快適な環境で働けるよう、テラスや休憩スペースが豊富に設けられている。

センターの延べ床面積は9000坪である。1階から5階までの5層構造で、最上階の5階から1階までベルトコンベアーが装備されている。5階で出荷準備が完了した商品は

図表44　SLCみらいの外観

自動的に1階まで搬送され、仕分け機により配送キャリア別、方面別に自動仕分けされる。

今後、入居するEC通販事業者に合わせさらに多くの自動化設備を導入することにより、月間110万件の出荷能力となるよう設計されている。

今後も拡大するEC物流の未来を支えるセンターを目指している。

感染症対策が可能な管理体制や労働環境

アフターコロナ時代に求められる物流センターの第4の条件は、「適切な感染症対策が可能な管理体制や労働環境を整備していること」である。

SLC浜松西では常時出社の600名のスタッフ用の駐車場を完備している。浜松市は車文化という特徴を持っており、パパ、ママ、長女、長男とそれぞれ1台の車があり、一家に4台の車保有というのも珍しくない。

車通勤のため、かなり遠くのエリアからでも出勤が可能だ。もうひとつのメリットは、電車やバスに乗らないため、感染リスクが少ない。

図表45は、一度に600人が収容できる食堂だ。現在はコロナ感染症対策のために2交代制となっている。11時30分からはA棟とB棟、12時30分からはC棟とD棟、しかも座る位置は棟毎に指定となっている。

食堂の窓は交代時のほか入館時、昼食の前後、休憩の前後に開けて換気し、また1日5回のアルコール消毒をしたうえ、全員マスク着用が義務付けされている。

実はコロナ以前から、冬場のインフルエンザ対策のため、毎年のマスク着用は常態化していて、そのため各自マスクの備蓄をしていた。

図表45　SLC浜松西の内部の様子

食堂

打ち合わせ風景

また、もうひとつ重要なのは、作業場の全館冷暖房完備ということだ。作業環境を良くするため、スクロール360の出荷場はどこも冷暖房完備となっている。夏場のマスク着用でも熱中症にならない対策を行っているのだ。

ワン・トゥ・ワン・マーケティングに対応したコミュニケーション

アフターコロナ時代に求められる物流センターの第5の条件は、「ワン・トゥ・ワン・マーケティングに対応したコミュニケーション」である。

物流は顧客体験の最終ゲートである。インターネットというバーチャルな世界で商品を購入した顧客に、リアルな商品が届く場面を演出することが欠かせない。

この点で、大きな効果を発揮するのが、オンデマンド・プリンターの利用である。オンデマンド・プリンターはバリアブルプリンターとも呼ばれ、一人ひとりの顧客に別々のメッセージをその場で印刷できる。このプリンターと連携する機能を「L-spark」は備えている。

事前にECショップから、複数の画像の印刷データを送ってもらい、オンデマンド・プリンターにセットしておく。出荷指示データの中に印刷する画像のIDを紐づけておけば、

図表46　オンデマンド・プリンターの外観

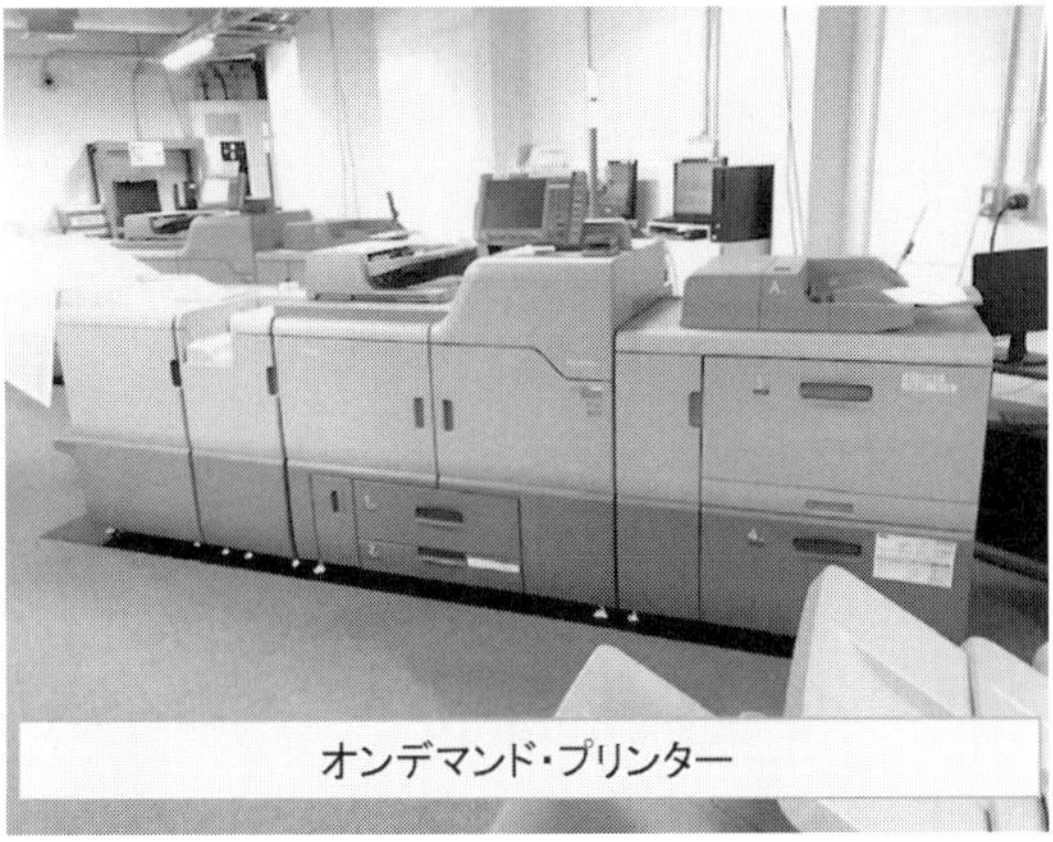

一人ひとりの顧客ごとに画像を出し分けることができる。

例えば、顧客の住んでいる都道府県毎に、そのエリアにある店舗のイベントを紹介する画像を出し分けて商品と同梱したり、災害のあったエリアだけにお見舞いのメッセージを入れるといったワン・トゥ・ワン・マーケティングが可能となる。

あるいは、顧客がオンラインサイトのカートに入れっぱなしにしている商品のデータから、「お買い忘れありませんか？」というメッセージとともに、入れっぱなしの商品画像と注文用ＱＲコードを仕込むことも可能だ。

このプリンターはたいへん高価だが、スクロール３６０の場合、複数のＥＣショップが共有して使えるため、投資が可能となっている。

以上、アフターコロナ時代に求められる物流センターの条件を5つ説明してきたが、従来の物流センターのイメージとは大きく異なることを理解していただけたのではないだろうか。

第6章

EC通販における差別化成功事例

case

1 ナチュラム

釣り具とアウトドア用品の老舗有名ショップ。小売の原点を守りつつ、市場変化に粘り強く対応。

圧倒的な品揃えで急成長、一時は上場も

ナチュラムは大阪市に本社を置く、釣り具とアウトドア用品の専門ショップだ。釣りに使う浮きや仕掛けなど釣り具用小物のメーカーが母体で、釣り具の小売店も運営。さらに1996年よりEC通販事業を開始し、2000年に独立してナチュラムとなった。

同社の強みは、圧倒的な品揃えにある。釣り具は魚種や釣り方によってそれぞれ違い、他にもキャンプ用品やアウトドアアパレルなどを扱い、かつては40万SKUに達していた。「専門店にないものでもナチュラムへ行けば必ずある」とマニアの間では有名である。

同社はまた、早くから「ナチュログ」というブログで情報発信を行ってきた。釣りとアウトドアに特化して、投稿も自由にできる。いまでは日本最大級の釣りとアウトドアのコミュニティに成長し、月平均1500万PVを獲得。投稿したユーザー自身が商品ページ

case 1

会社概要

社　名：株式会社ナチュラム

所在地：〒540-0011
　　　　大阪府大阪市中央区農人橋1丁目1番22号 大江ビル10階

代表者：代表取締役会長　佐藤　浩明
　　　　取締役社長　西田　耕三

設　立：2000年2月1日

資本金：1億円（2015年12月現在）

事業内容：インターネットによる情報提供、通信販売にリンクを貼り、リンク経由で販売された場合にはポイントを受け取ることができる「アフィリエイト・リンク」の仕組みになっている。まさにＵＧＣ（User Generated Contents）の先駆例である。

サイトオープンから業績は右肩上がりで、２００７年には大証ヘラクレス市場に上場。ＥＣ通販事業者としては初めての快挙だった（その後、東証と大証の合併により東証ジャスダック市場へ移り、現在は上場廃止）。

水ぶくれ体質で売上増なのに赤字転落

しかし、その後は苦難の道のりが待っていた。

現在、取締役社長を務める西田耕三氏によると、「上場後も売上は拡大していたのですが、２０１０年になると収益が急激に悪化し赤字に転落。２０１１年には売上も減少に転じ、3期連続の赤字となってしまいました」。

まさに経営は崖っぷち。そこで当時の経営陣は2つの手を打った。

ひとつは取扱商品の拡大だ。２０１１年からフランスの大手スポーツ用品メーカーであるデカトロンと提携し、同社のアウトドア用品、スポーツ用品を販売し始めた。さらに

2014年8月にはデカトロンの出資を受けてその傘下に入り、上場を廃止した。

もうひとつは、業務体制の見直しだ。売上の伸びに業務体制の整備が追い付いておらず、売上の伸びが少し鈍化しただけで、収益が悪化していた。経費からオペレーションに至るまで、ムダやムラが蓄積して〝水ぶくれ体質〟になっていたのだ。

「例えば、バイヤーの仕事はそれまで、メーカーの新商品が出ればサイトに登録し、売上を管理し、補充発注を行うことでした。しかし、EC通販市場が拡大し、競争も激しくなる中、そうしたルーティンワークに時間を割いても業績にはつながりません。そこでバイヤーの仕事を順に〝取り上げ〟て、アウトソーシングしていったのです。

代わって、多様化する顧客ニーズに合ったシーン別の売り場をつくったり、潜在顧客へ働きかける新しいプロモーションを企画したり、未来の売上を創造するマーチャンダイザーを育てていきました」(西田氏)。

2017年のキャンプブームで再び赤字転落、もう一段の業務見直しへ

こうした対策で業績はなんとか持ち直した。また、2017年にはキャンプ人口の増加によるブームもやってきた。ところが、ここでまた売上が60億円になりながら、赤字に転

落してしまったのである。

同社の事業モデルはもともと専門ロングテール型なので、売上に対して商品数、SKU数が多い。売れ筋に絞るやり方もあるが、品揃えという強みを手放すことができず、かつ売上重視の体質からなかなか抜け出せなかった。社員も40名以上に膨らんでいた。1回の見直しだけでは取り除けなかった弱点が、顕在化したといえる。

「この段階でもう一度、業務体制の見直しに取り組みました。同時に、デカトロンの方針転換から2018年1月、スクロールの傘下に移ることになり、私が責任者に就いたのです」(西田氏)。

スクロールグループ入りは、同社にとって業務体制の見直しを加速する効果があった。スクロールグループでは事業ユニットや取り扱う商品単位ごとに予算進捗、損益などを管理する「small teams earn profit(STEP経営)」という仕組みを導入している。ナチュラムでもこの仕組みを導入し、細かく損益状況をチェック。それまで年2回ほど、金額によらず送料無料にするキャンペーンを行っていたがこれをやめ、送料(一定額以上のみ無料に変更)も含めた注文単位での損益管理を徹底することにした。

また、売上が伸びるのに赤字になるということは、そもそも収益構造に問題があり、その点にもメスを入れた。

着目したのが、自社ブランド品のテコ入れだ。同社には以前からアウトドア用品の「ハイランダー」というプライベートブランドがある。

「ハイランダー」は2009年5月にスタート。小物アイテムから手掛け、数千万円ほどの売上になっていたが、その後はあまり力を入れていなかった。

しかし、アウトドア愛好者のニーズを捉えたアイテムを、海外有名ブランドと同等の品質で、かつ手頃な価格で提供できれば大きな武器になる。経営的にもナショナルブランドに比べて原価率を抑えられ、収益構造の改善に寄与する。

こうしてナチュラムでは「ハイランダー」ブランドでテーブル、テントなどの新商品を開発し、プロモーションを積極的に行ったところ、マスコミにも取り上げられるなどして、売上は倍々ペースで順調に拡大している。今後もアイテム数を増やし、生産ネットワークを拡充していく方針だ。

なお、こういうと自社ブランドにシフトしようとしているように聞こえるかもしれないが、必ずしもそうではない。

「収益力を強化する上で自社ブランドは重要ですが、ナショナルブランド（NB）も大切にしており、そちらの売上も伸ばしていく考えです。なぜなら、NB商品がないとEC通販サイトとして面白くなくなり、顧客の支持を失ってしまうからです」(西田氏)。

同社では最近、自社サイトでNBブランドのショップinショップを強化している。あるアウトドア用品の人気メーカーは、2年ほど前から自社製品のモール出品を禁止しているが、正規取扱店の自社ECサイトであれば認めている。

同社はいまも多くのNBメーカーと良好な関係を維持し、オリジナルカラーなどのコラボ商品（SMU：Special Make Up）などに取り組んでいる。

BPOの全面活用で売上アップと黒字化を達成

スクロールグループに加わったあとの業務体制の見直しとしては、BPOの全面活用にも踏み込んだ。

同社はすでに2004年、中国四川省に成都インハナというBPOの子会社を設立し、業務の一部を移管していた。成都インハナには日本語が堪能な現地社員がおり、商品データの作成から、市場調査（競合店の価格調査）、受注処理、販売管理などへ担当領域を広げてきた。先ほど触れたバイヤー業務のアウトソーシングも、成都インハナが受け皿になった。

また、成都インハナはナチュラムの基幹システムを共有しており、年間約10万SKUの新規商品の登録業務や、売り場における画像生成の業務を行うことで、ナチュラムのルーティン業務が大きく削減されている。

2018年からはさらにスクロール360の物流センターを活用している。現在、同社が扱っている商品は一時より減ったとはいえ25万SKUあり、物流センターでの在庫管理は資金効率の鍵を握る。

この点、ナチュラムには独自の売上予測システムがあり、そこに過去の売上データなどを組み合わせ、月単位で翌月分の仕入を取引先に発注する。こうして無駄を減らしながら、幅広い注文に対して欠品を起こさない在庫水準を維持することに成功しているのだ。

売上予測システムは仕入だけでなく、売上管理にも利用されている。商品ごとの販売計画と実績の乖離に応じて、自動補充発注による欠品の防止やアラートメール通知で予実乖離の確認、修正を行い、業務効率を向上させている。

また、顧客からの電話による問い合わせなどはスクロール360の浜松コンタクトセンターが対応する。この対応も単なるマニュアルベースではなく、ナチュラムの受注管理システムと連動することで、ケースに応じてオペレーターが注文のステイタス（現在状況）をその場で確認し、一歩踏み込んだ臨機応変な受け答えを行っている。1回の問い合わせで問題が解決し、2次問い合わせが以前より大幅に減少したほか、いわゆる「サンクスメール」の増加にもつながっている。

こうしてナチュラムはフルフィルメントをほぼ100%アウトソーシング化した結果、2018年に黒字化へ転換し、2019年も増収増益を達成している。

自社イベントの開催などOMOで活路を開く

業務体制の見直しと並行して、マーケティング面でナチュラムが力を入れているのがOMO（Online Merges with Offline）の推進だ。

OMOというと、ユニクロやユナイテッドアローズといったアパレル企業による、リアル店舗とオンラインショップの融合が知られている。

ナチュラムは逆に、ネット通販企業としてリアルイベントを開催し、アウトドア用品を顧客に実際に体験してもらい、その様子をSNSなどで拡散するというアプローチをとる。

ナチュラムではすでに2018年3月、キャンプブームの盛り上がりに合わせ、大阪の京セラドームで「touch the outdoor」と名付けたイベントを開催した。テントを50〜60張り展示するもので、自社サイトでの告知掲載と登録ユーザーへのメールやSNSでの拡散のみだったにもかかわらず、「こんなに多くの商品を一度に見られるところはない」と人気を集め、2日間で5000人が来場した。

その後も全国各地で開催されるアウトドア用品の合同展示会に参加し、2019年には再度、京セラドームで2回目の「touch the outdoor」を開催した。今度は「ハイランダー」製品のほか、他社とのコラボ商品なども多数展示。ネットでの購入で使えるクーポンも発行したところ、来場者数は7000人に増えた。同社では今後も、こうしたリアルのイベントに力を入れていく予定だ。

アウトドア用品業界ではいま、大手メーカーがD2Cにシフトする流れがある。

「そう考えたとき、我々EC通販事業者の強みは何なのか。ひとつは情報力です。ナショナルブランドとはいえ、メーカーは自社製品の売れ行きしか分かりません。それに対して当社は、自社も含めて複数ブランドの商品を扱っており、それぞれの売れ行きから業界のトレンドや顧客ニーズの変化をいちはやくキャッチすることができます。リアルイベントなどを通じて社員が直接、顧客の声を聞くことも貴重な情報源です」(西田氏)。

市場環境がさらに厳しくなる中、老舗有名ショップとはいえ生き残るためには価格競争に巻き込まれない商品戦略（MD）ときめ細かな顧客対応によるファンの拡大が鍵を握る。MDの点では新たな試みとして、2019年に災害用備蓄品や非常用保存食、防災資機材を扱うミヨシを子会社化した。

小売の原点を守りつつ、「独自の商品をつくる」ことと「独自のファンを育てる」ことの両面で挑戦を続けるナチュラムの今後に注目したい。

サイドストーリー

独自のショートヘッド&ロングテール戦略

筆者とナチュラムとの出会いは2006年にさかのぼる。筆者が総合通販ムトウ（現在のスクロール）のマーケティング課からソリューション事業部に異動した時だ。ソリューション事業部ではすでにナチュラムの物流を受託していた。

筆者はムトウでEC通販事業を手掛けていたが、ナチュラムのECは段違いだった。分かりやすくいうと、カタログ販売の大量の在庫を使って片手間でECをしているムトウに対し、ナチュラムはECオンリーのオリジナルな仕組みで、仕入れから販売まで一貫して行っている。両者には大人と子どもくらいの差があった。

これは現在、リアル店舗を主体とし、片手間でECをやっているアパレル企業と、ECオンリーで命を懸けている企業との差を連想させる。

筆者が特に驚いたのは、40万SKUという圧倒的な品揃えだ。ところが実際には、物流倉庫に置いてあるのは8万SKUだけだった。残りの32万SKUの商品は、注文が来てから発注する方式だったのである。

売れ筋の8万SKUについては取引先と価格交渉のうえ商品を買い取る。残りの商品は受発注だ。ショートヘッドの8万SKUだけで、全体の80%の売上を稼いでしまう。ロングテールの商品は取引先から取り寄せ後の発送となる（図表47参照）。

とはいえ8万SKUの発注を毎月行うのは、人間ワザではできない。そこでナチュラムが独自に開発したのが、「8マスシステム」という受注予測のシステムだ。SKU別に、過去3年の受注実績から、翌月の受注数量を予測するのである。

図表48の例で解説すると、このチェアーの2019年6月の受注数量を予測するために、2017年の4月から6月まで3カ月の実績、2018年も同様、そして2019年の4月と5月の合計8つのマスの数値データを用いる。マスコミでの露出による突発的な数値データは、異常値として予測に反映しないといったアルゴリズムも適用されている。

現在、この8マスシステムで予測された数量をもとに、補充発注数の見直しをしているのが、中国四川省にある成都インハナである。ナチュラムはコアな業務に集中するために、ルーティン業務を徹底的にアウトソーシングしてきた。

先に触れたとおり、ナチュラムの子会社だった成都インハナへのアウトソーシングの歴史は古く、2004年に商品データ作成・市場調査サポートを任せた。その後、2007年には受注処理、2008年にはサイト制作業務、2014年には販売計画管理業務、2015年には在庫発注業務をそれぞれ任せている。

これにより、ナチュラムのバイヤーの仕事は劇的に変化した。2013年当時のバイヤー業務は主に、日々の売上の管理、予算進捗管理、補充発注の3つだった。これらの業務を成都インハナに移管したことにより、バイヤー業務はシーンの売り場作りとオリジナル商品（オリジナルブランド「ハイランダー」）の開発の2つがメインとなっている。つまり、日々の売上はアウトソーシングを活用した「仕組み」がつくり、バイヤーは「未来の売上」をつくる仕事に変化したのだ。

小売の原点を守りつつ、「独自の商品をつくる」ことと「独自のファンを育てる」ことの両面で挑戦を続ける。そのためには社員の今の業務を見つめ、より付加価値の高い仕事に集中させる。こういう進化を続けられるかどうかが、アフターコロナの時代に生き残れるかどうかの分かれ目となる。

なお、成都インハナは現在、スクロール360の100％子会社となり、ナチュラム以外の日本のEC事業者に、8マスシステムをはじめ様々なBPOを提供している。

図表47　ショートヘッド＆ロングテール戦略のイメージ

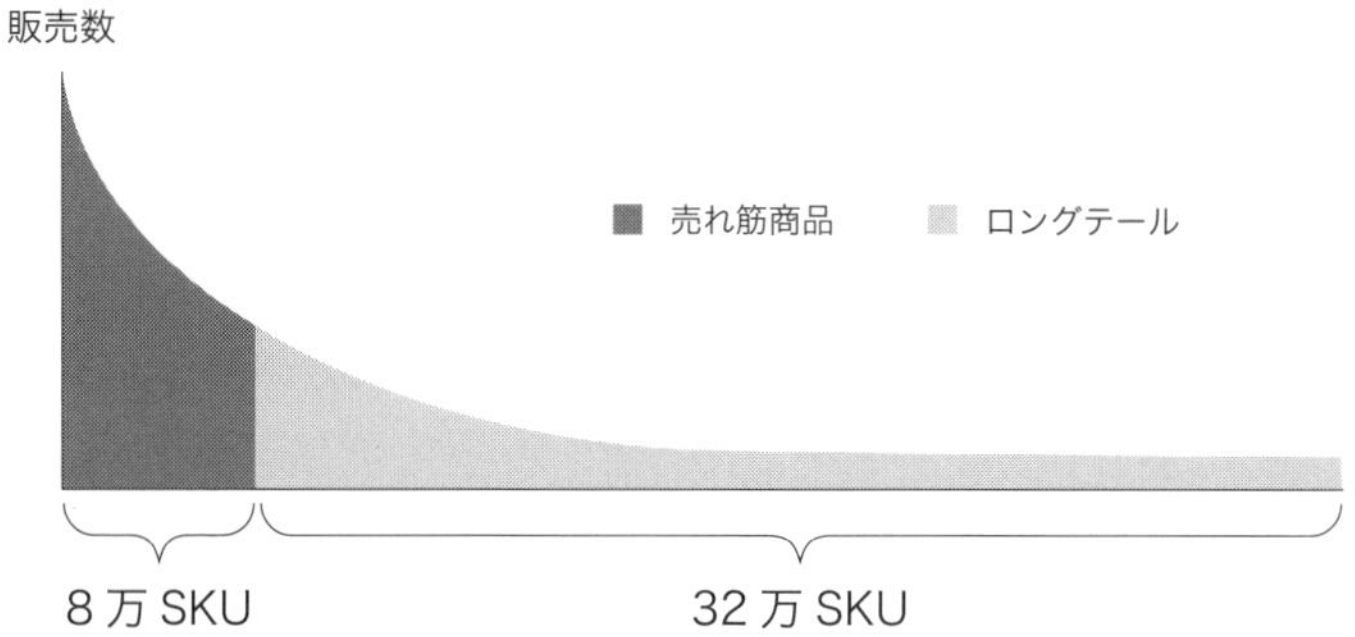

- 受注予測を基に成都インハナが補充発注数の見直し業務を行っている

- 取引先とデータを共有し、顧客からの注文があってからの発注
- 商品が入荷次第、発送

図表48　「8マスシステム」の例

	4月	5月	6月
2017年	64	75	91
2018年	69	78	95
2019年	74	85	予算 100

※数値データはダミー

case

2 AXES(アクセス)

海外ブランド品の輸入販売サイトとして、BPOの全面活用により社員数3倍で売上8倍へ。

海外のファッションやブランド品を直輸入

AXESは2012年、取締役社長である大下公宝氏が、別の会社の一部門であった事業を分離して設立。そのままスクロールグループに加わった。

現在は、自社で輸入した海外ブランド品をECサイトで販売している。取扱い品目は、男女用ファッション、バッグ、財布、時計、アクセサリー、小物、シューズなど幅広く、姉妹サイトでは化粧品も扱う。

大下氏は学生時代にアメリカへ留学し、そのまま現地でブランド品などの日本向け輸出ビジネスを手掛け始めた。

バブル崩壊後の日本では、ファッションや鞄などブランド品の並行輸入がブームになっており、大手流通業や百貨店などと取引し事業は順調だった。

case 2

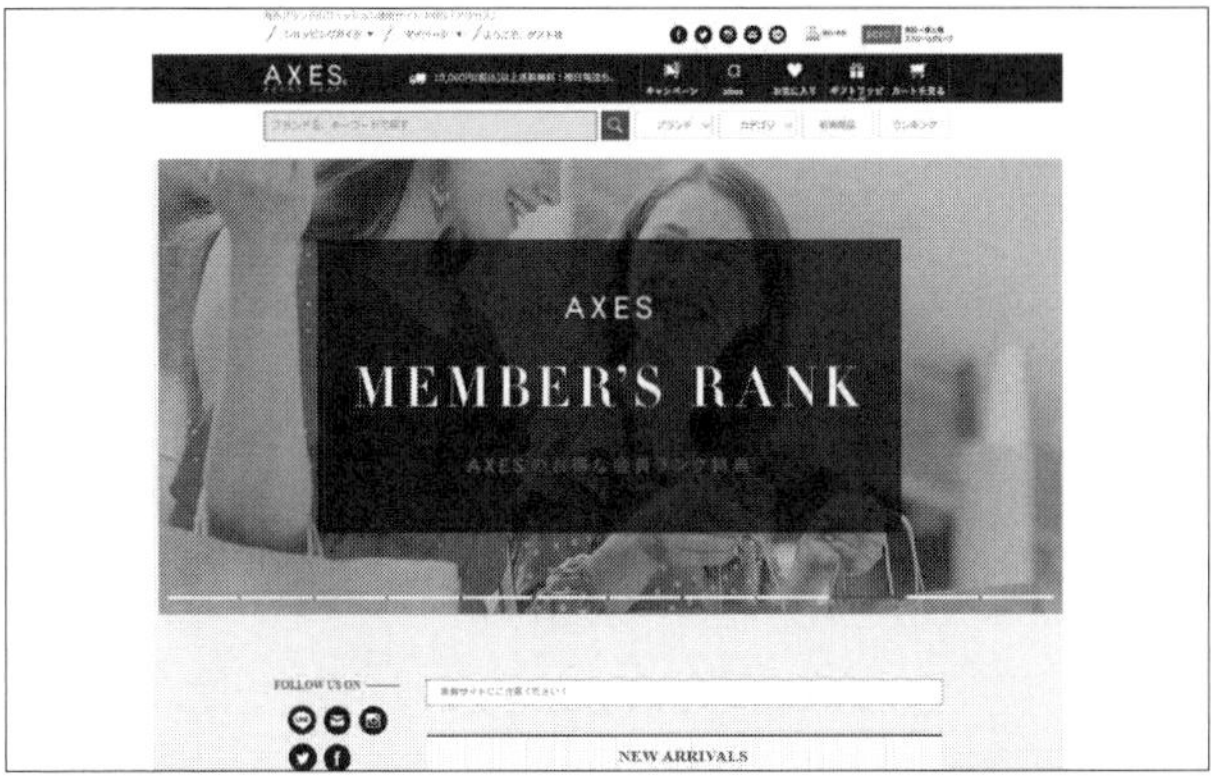

会社概要

社　名　：株式会社AXES（アクセス）
所在地　：〒140-0002
品川区東品川2-2-24 天王洲セントラルタワー 4階
代表者　：代表取締役　佐藤　浩明
取締役社長　大下　公宝
設　立　：2012年3月
資本金　：9500万円
事業内容：バッグ、革小物（財布等）、アクセサリー、時計、化粧品など、海外ブランド商品の輸入・通信販売

しかし2005年頃、EC通販市場が日米とも本格的に拡大していく中で、ブランド品の輸出ビジネス（卸業）のままでは先行きに不安を感じ、小売業への転換を決断。日本に戻り、知人の会社で海外ブランド品のEC通販事業を始めた。

楽天市場に出店し、大下氏自身も数名の社員とともに、商品の撮影からサイト構築、受注処理、梱包や出荷までこなしていた。独自のネットワークを活かした海外からの仕入れが強みで、2〜3年後には「ショップ・オブ・ザ・イヤー」を受賞するまでに成長した。

「フルフィルメント」を全面的にBPO化

ただ、次なるステップを考えたとき、仕入れの強化にしろ、業務の合理化にしろ、経営基盤をより堅固なものにする必要を感じた、と大下氏は語る。

「そこで2012年3月に独立し、AXESを設立。同年5月にスクロールグループに入りました。スクロールは一部上場企業であり、子会社のスクロール360は物流代行などのサービスを幅広く手掛けています。そうしたリソースを自分たちの強みと結合することで、もう一段上に進もうと考えたのです」。

大下氏は以前から、コールセンター業務をアウトソーシングしていたが、スクロールグループに入るとともに、フルフィルメント全般にBPOを拡大した。

「まず、自社で借りていた倉庫からスクロール360の物流センターに商品を移しました。その結果、土日を含めて365日発送できるようになり、在庫の誤差もゼロになって、社員の負担がかなり減りました」。

商品情報についても、バイヤーが海外で買い付けた商品がスクロール360の物流センターに到着すると、「ささげ」の専門チーム（ささげ屋、152ページ参照）が撮影するとともにサイズ等を測りデータ化、原稿も作成してそのままECモールに掲載する。

掲載先は以前、自社サイトのほかは楽天市場、Yahoo! JAPAN、Amazon.co.jpだけだったが、現在はau PAYマーケットやdファッションなどを加えた10カ所に増え、しかも入荷1週間以内に販売を開始する。

コールセンター業務やメール対応もスクロール360の浜松コールセンターに移管した。エスカレーション案件（オペレーターでは判断が難しい案件）を除けば、AXESの社員が対応に手をとられることはない。なお、クレーム情報などは日次集計され、AXESへ提供される。

こうして現在、在庫管理、受注処理、配送、さらには代金回収までフルフィルメントのすべてをBPO化しているのである。

社員のモチベーションアップにも

「フルフィルメント全体をBPO化したことで、社員は土日にきちんと休めるようになり、最近の働き方改革の流れに対応しやすくなりました。

それ以上に重要なのは、社員のモチベーションアップにつながったことです。もともとEC通販業界の離職率は高いのですが、理由のひとつはやりたい仕事ができないということです。ファッション系のEC通販は特にそうです。せっかく入社したのに受注処理や発送業務ばかりやらされていたのでは、社員がやる気をなくすのも当然でしょう。その点、裏方的な業務の多いフルフィルメントをBPO化することで、社員は商品の買い付けやプロモーションといった本来の業務に集中でき、経験やスキルを磨くことができるのです」。

スクロールグループに入った当時、AXESの年間売上は12億円、社員は15名だった。その後、スクロールが買収した化粧品を扱うEC通販サイト・イノベートと経営統合し、現在、社員は50名と約3倍強になったが、売上は87億円（2019年度）と8倍近くまで伸びている。

その原動力は、社員のモチベーションアップのほか、スクロールの財務力をバックにした商品仕入の強化もある。それまでの仕入先は欧米が中心だったが、いまでは東南アジアから中近東にもバイヤーが買い付けに出かけ、日本にまだ入っていないようなブランド品を輸入し、ショップの知名度と人気につながっている。

そうした商品情報を10カ所のサイトやモールに、それぞれ最適な形で素早く掲載し、季節や記念日などに合わせたキャンペーンを行い、スピード感のあるプロモーションを展開するわけだ。

「10年前のＥＣ通販事業者はどこも、売れば売るほど受注処理や発送業務に追われ、パンクするところが珍しくありませんでした。ＥＣ通販用の各種システムもパッケージで１０００万円、ランニングコストも月数十万円かかるなど高額でした。そのため、仕方なく人手でやっている中小のショップがほとんどだったように思います」（大下氏）。

いまでもモール別に担当者をあて、注文が入ると担当者がいちいち、倉庫へ在庫を確認しに行ったりしている事業者を見かけるが、スクロール３６０であれば受注処理も含めて同じ業務量をほぼ10分の１の人員で処理できる。

ＢＰＯ活用には相互の信頼関係が重要

現在のＥＣ通販事業ではますます、自社の強みに集中するためＢＰＯの役割が大きくなっている。ただ、何でもＢＰＯにすればよいわけではない。前提として、業務フローの標準化ができていないと、コストばかりかかってむしろ逆効果になりかねない。それを避けるには、経営者が業務フローとその勘所を分かっていることが大前提になる。

「一方で、ＢＰＯがスタートすると、事前の想定との食い違いがどうしても出てくる」と大下氏は指摘する。

「ＢＰＯ企業も、事前にどんなことが起こるかすべて分かるわけではないからです。依頼側としては、月次ミーティングで前月の振り返りを行いつつ、修正点についてどんどん要望を出していくべきです。

同時に、出荷予測をきちんとＢＰＯ企業に渡すことも重要です。セールやポイント倍率のアップなどモールごとのイベントの際は特に出荷数が大きく変動します。当社では、過去のデータなどを踏まえ、プラスマイナス10％程度の誤差になることを目指しています。そうした積み重ねがお互いの信頼関係と業務品質のアップにつながるのです」。

出荷予測（受注予測）の精度が低いと、出荷遅れなどのトラブルにつながる。ＢＰＯ先を変更しても同じことの繰り返しで、〝物流ジプシー〟になるケースもある。

ＡＸＥＳでは今後、ブランド品（新品）の輸入販売に加え、「ＲＥ事業」と名付けた中古販売、レンタル、リフォームの各事業をスタートさせる準備を進めている。

新品を販売したあとも中古買取、中古販売、レンタル、リフォームなどによって顧客との接点を増やし、LTVを高めるのが狙いだ。こうした「RE事業」についても、まずは社内で業務をルール化してからBPOへ移行させる予定である。

AXESのように順調に成長を続けているEC通販事業であっても、時代の変化に応じて常に新しい事業モデルや業務体制の効率化を続けていくことが欠かせない。

サイドストーリー

グループシナジーによるBPO活用

2012年にスクロールグループにジョインしたAXES。当時12億円だった売上が2019年度には87億円に達した。売上は8倍近くに増えたが、社員数は3倍強にしかなっていない。

先ほど述べたが、それには3つの理由がある。

ひとつは、ベンチャーから一部上場企業グループに加わったことにより、信用力と資金力が増し、仕入れが大幅に強化されたことだ。並行輸入の調達先を広げることで、他社では取り扱っていないような商品が増えた。

次に、出店モールの拡大だ。楽天市場、Yahoo! JAPAN、Amazonの3モールだった出店先を一気に10モールまで増やした。商品が充実し、それを販売するモールが増えれば、掛け算で売上が上がるのは当然だろう。

そして、最後の理由はBPO活用である。通常、出店モールを増やせば、それだけ商品掲載業務や受注処理業務が増え、社員が疲弊していく。しかし、それをBPOのフル活用で乗り切っていった。

AXESやスクロール360が所属するのがスクロールグループだ。もともとカタログ販売の老舗で、総合通販企業だった。その後、AXESをはじめとするEC通販企業のM&Aを行い現在、22社のグループ体制となった。

事業セグメントとしては、スクロール本体の行う通販事業、AXESやナチュラムが所属するeコマース事業、豆腐の盛田屋やキナリの所属する健粧品事業、スクロール360の所属するソリューション事業がある。

そして、B2C販売のeコマース事業と健粧品事業のシステム、受注処理、物流、決済を、ソリューション事業が受け持つ体制をとっている。

これにより、グループ各社は煩わしいルーティン業務から解放され、一番重要な商品開発や販売戦略に集中でき、業績好調となっている。

また、ソリューション事業各社では、対応する業務が拡大することで、より専門性が増し、対応品質が上がっていく。同じグループ内でコンタクトセンターや物流、決済が横連携しているため、アウトソーシングするEC通販事業者にストレスを感じさせない、シームレスなサービス提供が可能となっている。

スクロールは以前の総合通販企業ではなく、複合通販企業に生まれ変わった。そして今、掲げているのが「ダイレクト・マーケティング・コングロマリット」というコンセプトだ。これは、eコマース事業、健粧品事業をソリューション事業がBPO対応するだけでなく、売れている商品をスクロール本体の生協事業に供給するほか、海外にも販売していく戦略となっている。

case

3 ピアリビング

主婦が始めた日本初の防音専門ECショップ。様々な壁を乗り越え、OMOや越境通販にも挑戦。

防音専門という独自ポジションを確立

「ピアリビング」は現在、年商8億円、社員18人という防音専門のEC通販サイトだ。楽天市場、Yahoo! JAPAN、Amazon、au PAYマーケットの各モールに出店しているほか、電話での注文対応や楽器メーカー向けの卸も行っている。

商品ラインは一時に比べて絞っており、現在の商品数は2000SKU。色違いを除くと1000SKUに過ぎない。

専門ロングテール型というには少ない印象だが、「防音」という独自のカテゴリー設定と、壁、床、窓の部材がひと通り揃っていることが特徴だ。

代表取締役の室水房子氏は次のように語る。

「防音は窓だけでも、床だけでも、壁だけでもできません。ケースに応じて適切な組み

case 3

会社概要

社　名　：株式会社ピアリビング

店　名　：防音専門ピアリビング

所在地　：博多オフィス
〒812-0013　福岡県福岡市博多区博多駅東1-1-16
第2高田ビル502博多ショールーム3Ｆ
東京ショールーム
〒101-0035　東京都千代田区神田紺屋町46 altaビル3F
本　社
〒811-4143　福岡県宗像市三郎丸5丁目7-15

代表者　：代表取締役　室水　房子

創　業　：1993年12月

事業内容：インテリア用品販売／カーペット販売／防音工事／ファインヴェールシステム施工（吸音工事）／カーペット・フロア施工／住宅耐震補強工事／ＯＡフロア・光天井工事／建築資材販売／インテリア用品の販売／オーダー防音商品の販売／ペット用品販売／飲食業

合わせを提案したり、オーダー制作を引き受けたり、場合によっては施工まで対応したりするワンストップソリューションが当社の強みです。商品をオンラインで販売するとともに細かい相談とアドバイスにこだわり、福岡と東京にショールームも設けています」。

室水氏がEC通販業に取り組み始めたのは、2000年のこと。当時、室水氏は幼稚園と小学校低学年の2人の子どもを育てる専業主婦だった。

ところが、夫の仕事（内装業）が不振に陥り倒産寸前に。「なんとかしたい」と内装業の施工で取引のあった大手建材メーカーの支店に飛び込み営業に出かけた。そこで防音カーペットのパンフレットを手にし、「こんな製品があるのか！」と驚いた。高性能だが価格が高いためホームセンターなどでは扱っておらず、ほとんど知られていない製品だった。

だが、室水氏のまわりには子どもの走り回る足音などで周囲からクレームを受け、悩んでいる主婦が何人もいた。「これは売れるかも」と考えた室水氏は、見よう見まねでヤフオク（ネットオークション）に出品。すると、3カ月もしないうちに月100万円を受注するまでになった。配送はドロップシッピング方式で、メーカーからの直送だった。

騒音についての相談や質問もたくさん来た。身近な騒音のトラブルで悩んでいる人がとても多いことを確信した室水氏は、市販のソフトを買ってきて自分でホームページを立ち上げた。

壁の防音もできないかメーカーに相談すると、「ロックウールを取り付ければ防音効果があるだろう」という答え。ただ、ロックウールは建築会社や内装業者などBtoB向けしかなく、また個人が買って取り付けるのも難しい。顧客の要望が来る都度、主婦感覚で建材をアレンジして独自の施工方法を考案したり、施工が得意な夫や親しいメーカーに商品を作ってもらったりして、商品開発を進めていった。

こうして2001年、防音建材の販売をスタート。2003年には「ピアリビング」を正式にオープンし、EC通販業界では初めての「防音専門店」をうたい、床の防音カーペットと壁の防音建材（ロックウール）の紹介に力を入れた。

「当時は他にそういうサイトはなく、まさにブルーオーシャンでした。注文は北海道から沖縄まで、全国から来ました。建材メーカーからも、なぜ九州の主婦がやっているサイトでこんなに売れるのかと、役員が見学にやってきたりもしました」(室水氏)。

ショップのオープンから2年で年商は1億2000万円に達した。ただ、メーカー品を都度、仕入れての販売（ドロップシッピング）なので、利幅は少なかった。仕入れ値を安くするため建材メーカーからケース単位で仕入れて在庫を持つことにし、配送についても宅配便業者と交渉して格安にしてもらうなど、試行錯誤を続けた。

ユーザーの声をもとに組み立て式の簡易防音室（1・5畳から6畳まで）を開発したところ、テレビ番組で取り上げられ、売上はさらに伸びていった。

楽天市場に出店すると、自社サイトとともに月間売上1000万円を達成し、年商は2億円を突破。まさに破竹の勢いだった。

商材やプロモーション、販売チャネルを見直す

しかし、その後は数年ごとに様々なトラブルや障害に見舞われた。

まず2005年6月、かつてアスベストを生産していた工場周辺で広く健康被害が発生していることが分かり、社会的に大きな問題になった。

アスベストは、天然に産出する鉱物繊維で非常に細いため呼吸器系に取り込まれやすく、化学的にも安定でじん肺や肺ガン等の原因となる。これに対してロックウールは、工場で製造された人造の鉱物繊維でアスベストの数十～100倍太く、体内に取り込まれにくい。IARC（国際がん研究機関）の分類ではグループ3（ヒトに対する発がん性について分類できない）とされている。

このようにアスベストとロックウールは全く別物だが、鉱物繊維という点で共通するた

め健康被害が起こるのではないかという風評から、壁材（ロックウール）の売上があっという間に半減してしまった。

このピンチを乗り越えるため、室水氏は防音カーテンに力を入れることにした。

少しずつ売上が戻ってきたところ、今度は２００８年にリーマンショックが発生。メインの仕入先だった大手メーカーの経営が悪化し、仕入れていた建材やカーペットがほとんど廃番になってしまった。そこでカーテンに工夫を加え、現在のメイン商品である防音カーテンをオリジナルでつくることにした。

またこの頃、「ピアリビング」の好調ぶりに目を付けた他社が防音建材の販売をはじめ、嫌がらせも受けるようになった。これに対しては、いち早く動画やＳＮＳを活用したプロモーションに活路を見出し、売上をＶ字回復させた。

次は２０１３年、Googleの検索アルゴリズムの変更（パンダアップデート）で全く検索表示されなくなり、売上が激減した。一時は茫然となったが奮起して、すべてのサイトのプログラミングを変更し、なんとかしのいだ。

このように厳しい状況に何度も直面しながら、その都度、室水氏は持ち前の行動力とビジネスセンスで乗り切り、事業をむしろ一回りも二回りも成長させてきた。

しかし、２０１４年、社員７人で売上３億円になった頃、ＥＣ通販事業は社員に任せ、自身は前年に手掛け始めた福岡・天神での飲食業やセミナールーム事業に専念することにしたという。

「借金や住宅ローンはすべて完済し、子どもたちも大学を卒業しました。以前は毎日、睡眠時間3時間で子育てや会社の再建、ネット販売の強化と無我夢中で走り続けてきたので、ちょっとのんびりしたかったのだと思います」。

個人が立ち上げるEC通販事業では、年間売上が3億〜5億円くらいになるとひとつの壁を迎える。良い意味でも悪い意味でも、当初の事業モデルやオペレーションのやり方が成熟するからだ。室水氏もちょうど、そういう壁に突き当たっていたのかもしれない。

次の段階に進むには何かしらのブレークスルーが必要だ。室水氏の場合、それは社員の声だった。小さな会社とはいえ経営者である。社員から「社長、俺らの5年後はどうなっているんですか？　本社に戻ってください」という声が上がった。

もうひとつは、顧客の声である。これまでとは違う新しい挑戦をしたいと思った室水氏は、「お客様に直に会ってみよう！」と東京で単独イベントを行うことにした。

それが恵比寿の賃貸マンションの一室を会場に開催した『防音商品を実際に見よう、触ろう、体感しようin東京』だ。告知は自社のホームページのみだったが、予定の2日間は大入り満員になった。

「以前から防音商品を実際に見てみたいという声をたくさんもらっていたので、様々な防音商品をいっせいに展示し、その場で相談もできるようにしたのです。来てくださったみなさんはいずれも音のトラブルで悩んでいて、1組30分どころか1時間近く滞在される方もいらっしゃって、お客様の熱い想いにスイッチが入りました」。

この人気を聞きつけて2015年、東急ハンズ渋谷店で1カ月のイベントを依頼され（現在も不定期に実施）、さらに2017年には東京・神田と福岡・博多にショールームをオープンした。

規模こそ小さいが、OMOの見本といえるような展開で、「ピアリビング」は新たな成長段階に歩を進めることになったのである。

中国への越境通販にも挑戦

そして現在、室水氏はまた新たな挑戦を始めている。巨大な中国EC通販市場をターゲットとした越境通販である。

手前味噌になるが、きっかけとなったのは2017年、筆者が企画した中国EC市場の視察ツアーに参加してもらったことだ。

当社と「ピアリビング」は2016年から取引がある。首都圏の注文については千葉県柏市にあるスクロール360の物流センターに商品在庫を置き、そこから出荷しているのだ。ちなみに、九州からの配送では2日かかっていたが、これにより注文の翌日配送が可能になり、売上アップに結び付いている。

中国マーケットに対し、室水氏は以前から興味はあったが、どのようにアプローチすればよいか分からず、送料もかなり高そうなので諦めていたという。しかし、現地に行ってみて、特にスクロールグループの成都インハナのサポートを知り、現地で商標を取ってやってみることにした。

ショップ名は筆者のアドバイスで「快適空間工房」とし、まず取り組んだのは中国語のホームページ作成と中国のSNSであるウェイボー（ミニブログサイト）のアカウント取得だった。日本語のサイトをインハナのスタッフが翻訳し、毎日、ウェイボーに投稿していった。

「初めの頃は、中国で防音グッズなんて売れるわけがないと散々言われました。日本人と中国人とでは、音に対する感覚が全然違うというのがその理由です。それでも、少なくとも中国で暮らす日本人には売れるのではないだろうか。また、中国人も高度経済成長で豊かになれば、必ず音を気にするようになると確信していました」（室水氏）。

中国向けの越境通販ではよく、現地のＫＯＬ（Key Opinion Leader）によるＳＮＳを使うとよいといわれるが、筆者は疑問に感じている。彼らはいわばプロであり、毎日別の商品を取り上げる。中小のＥＣ通販事業者の場合、ＫＯＬにまとまった広告費をかけるより、まず自社サイトを丁寧につくり、少々時間がかかってもコアファンを育てるほうが大事である。

「快適空間工房」でも、自社サイトと並行してウェイボーで音の問題や防音の大切さについて情報発信を続けたところ、1年で1万人のフォロワーがつくようになった。

そこで次に、２０１９年から防音カーテン、防音ライナー（後付け用のカーテン裏地）、防音カーペットなどの試験販売を行うことにした。

配送は日本の物流センター（千葉・柏）から日本郵便のＥＭＳ（国際スピード郵便）を使っている。

「やってみると、防音カーテンの人気が予想以上に高く、1回5万～10万円のオーダーが入ります。基本は標準タイプなのですが、中にはオーダーの希望もあり、これまでの最高は1回約60万円の注文でした。リピーターも2割ほどいます。窓のひとつに付けてみて、効果を確認して追加の注文をしてくれるのです」。

室水氏によると、「助かりました」「これで安心して暮らせます」といった顧客の声がいまでも励みになるという。

当初は専業主婦でビジネスの経験もなかったが、持ち前の行動力と旺盛な好奇心、そして人の役に立ちたいという想いこそが「ピアリビング」成功の原動力といえる。

中国向けの越境通販もいよいよ本格化。今後は新しい防音製品の開発にも取り組んでいく予定だ。

サイドストーリー

始まりは成都インハナツアー

2017年2月、成田空港から中国四川省成都に向かう一行がいた。全員が日本のEC通販事業者で、目的は成都インハナの見学だった。

17時に成田空港を出発し、5時間のフライトで夜22時に成都空港到着。翌日、成都インハナのオフィス見学会が行われた。

日本語がペラペラの中国人スタッフが、次々とBPO業務を説明していく。実際のオペレーションの現場も視察した。

「今の処理テクニック、知らなかった!」とECのプロである参加者から声があがった。

「これだったら日本でやる必要はないね」といった声も聞かれた。

また、その時のツアーの目玉は、中国越境EC進出におけるサポートサービスの確認だった。ピアリビングの室水社長もそれを一番望んでいた。

日本のEC通販事業者の越境ECへのニーズは高い。誰もが将来、日本の市場がしぼんでいくのを知っている。日本以外の市場に進むしかない。その最有力候補が13億人の中国市場である。しかし、そこには言語の壁、法律の壁、中国市場理解の壁、物流の壁という4つの壁がある。ピアリビングの室水社長が、この壁をどのように乗り越えていったのか。

第1の「言語の壁」について、室水社長は成都インハナの越境サポートを使うことを決断した。防音グッズを紹介するピアリビングのページは山ほどある。そのページを成都インハナのスタッフが中国語に翻訳して、毎日、ウェイボーに掲載してくれる（図表49）。

第2の「法律の壁」だが、難しいと思っていた中国での商標も成都インハナが代行申請してくれた（現在、当局の許可待ちの状況）。「快適空間工房」というブランド名は成都インハナの中国人スタッフの投票で一番人気のあるものだった。

第3の「中国市場理解の壁」は、現地に行ってみないと分からないことが多い。当初、「防音グッズは中国では売れないです」と成都インハナのスタッフも言っていた。「なぜなら、他人に迷惑をかけてはいけない、といった教育を受けた中国人はひとりもいないから」という言葉はショッキングだった。ところが現在、売れているのはなぜか。他人に迷惑をかけないためというより、他人の騒音を防御したいというニーズが高いようだ。

「快適空間工房」の防音グッズの紹介が1年ほど経ったとき、ウェイボーのフォロワーが1万人を超え、「この商品はどこに売っているの？」という問い合わせが入るようになってきた。このタイミングを成都インハナのスタッフは逃さない。すぐにテスト販売企画が提案され、室水社長の即決で販売を開始した。

第4の「物流の壁」は、日本のスクロール360物流倉庫からEMSで発送することで解決した。また、送料については、販売価格に上乗せして吸収するようにした。価格はかなり高くなったが、それでも注文が来るのは、他社では売っていないということと、中国にはお金持ちが多いということだ。

このように4つの壁を乗り越えて、ピアリビングの中国越境ECは第1ステップへ進むことができた。

次のステップでは中国モールの「グローバル」に正式に販売申請することと、売れ筋商品については中国倉庫からの出荷にチャレンジすることだ。

成都インハナという信頼できるパートナーがいることで、それが可能になってくる。

図表49 「快適空間工房」のウェイボーの投稿画面

case

4 FABRIC TOKYO

日本を代表するDtoCの注目企業。独自のOMOを支えるシステムなど自前主義を徹底。

オーダーメイドスーツをもっと身近なものに

卸などを通さず、受注生産で工場と直接取引を行い、高品質かつ適正価格のオーダーメイドスーツを提供するFABRIC TOKYO。いまや日本を代表するDtoC企業として、注目の存在である。法人としては2012年に設立し、現在の業態をスタートしたのは2014年から。2020年9月末時点で首都圏と関西圏を中心にリアル店舗を16カ所展開している。

「Fit Your Life」というブランドコンセプトを掲げ、サイズだけでなく生き方や価値観にフィットした自分らしいビジネスウェアを提供することが目標だ。

顧客はまず同社のサイトでアカウントを作成し、予約の上、最寄りの店舗を訪ねる。店舗ではコーディネーターと呼ばれるスタッフが採寸してくれ、見本のサイズゲージで着心

case 4

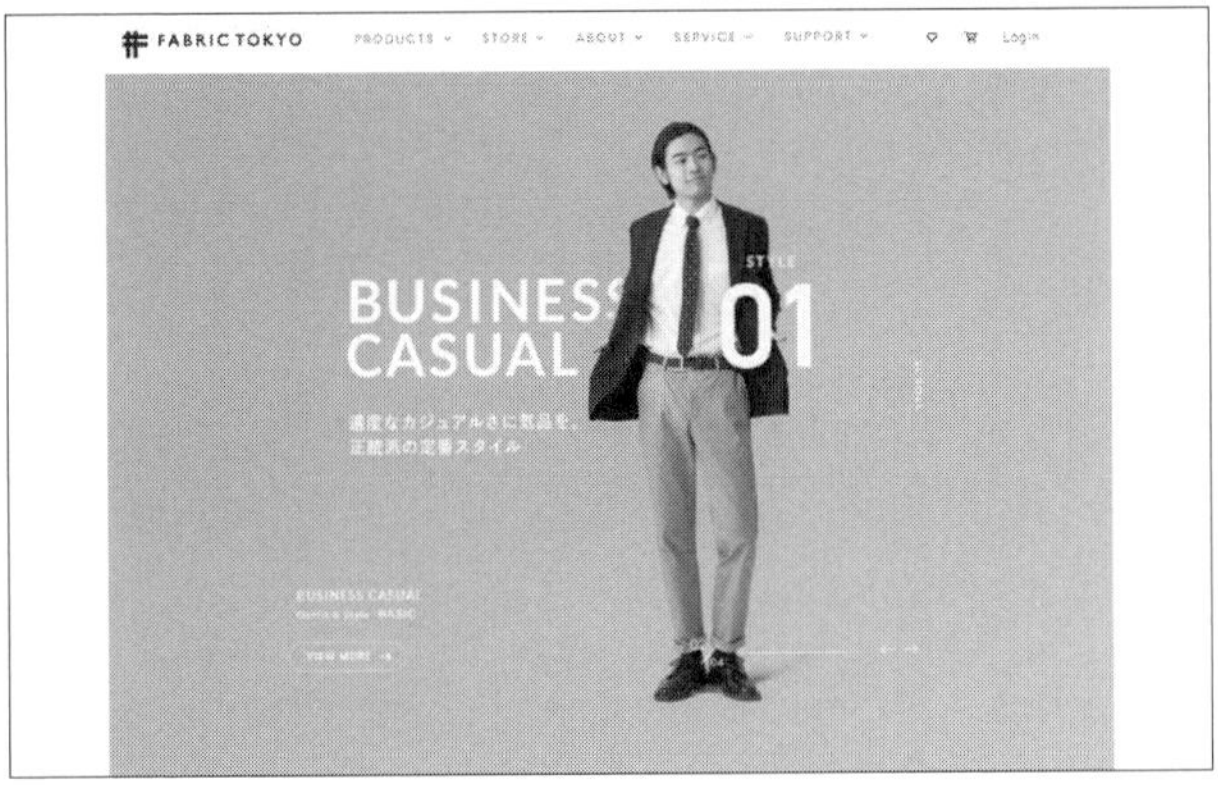

会社概要

社　名　：株式会社FABRIC TOKYO

所在地　：東京都渋谷区千駄ヶ谷5丁目23-13 南新宿星野ビル6階

代表者　：代表取締役社長　森　雄一郎

設　立　：2012年4月6日

資本金　：5000万円（資本準備金含む）

事業内容：カスタムオーダーアパレルブランド「FABRIC TOKYO」の運営

地をチェック。さらにカウンセリングでファッションの好みなどを伝える。サイズゲージの着用を含め、計測のみならスーツで約30～40分、シャツなら約10～15分ほどだ。

店舗には「ファブリックカード」という生地見本が常時300種類ほど用意されており、それらを壁一面に並べたものを「ファブリックウォール」と呼んでいる。

顧客には展示する生地から選んでもらうが、その場で決められないときは5枚まで持ち帰り可能だ。帰宅後、ゆっくり生地見本を見て、触ってから、ネットでオーダーできる。

創業者で代表取締役社長の森雄一郎氏は、狙いをこう語る。

「日本のビジネスウェア市場は大手4社で年間6000億円、全体では1兆円近い規模です。しかし、その多くは既製品かセミオーダーで、ファッションとしての楽しさがまだまだ提供できていないと感じます。オーダーメイドには、体型に合う服がないといった機能面の悩みの解決とともに、日々の生活に彩（いろどり）を与える役割が求められるのではないでしょうか。店舗で採寸などをきちんと行うことにより、ネットで買う不安を解消しつつ、オーダーメイドの楽しさを気軽に体験してもらいたい。そんな新しいEC通販サービスになると確信しています」。

スタート以来、毎年、売上3倍増を目標にVCなどから積極的に資金調達を重ね、事業規模を拡大。100億円が視野に入るところまできて、多少ペースは緩やかになったが、それでも成長スピードにはこだわっている。

自分のためにつくったサービスだからブレがない

森氏は父が大手電気メーカーのエンジニアで小学生の時からコンピュータプログラミングに親しみ、中学校1年生で自作のPCをつくったりしていた。大学では工学部でコンピュータサイエンスやCADを学ぶ。同時にファッションが大好きで、学生時代には自前のファッションメディアを立ち上げたりした。大学卒業後、ファッションショーの演出アシスタントとなったり、IT業界で経験を積んだりした。

2012年、25歳の時に資本金100万円で起業。当初はクリニックの支援システムや越境ECのサポートシステムなどにチャレンジしてみたがどれも失敗。

「結局、熱が入らないのです。やっているうち、他人でもできることではないかという疑問がわいてきて冷めてしまうということが続きました」と森氏は振り返る。

自分自身をもう一度見つめ直す中で浮かび上がってきたのが、ファッション×ITという軸だ。森氏は185cmの長身で、腕が普通の人より長い。なかなか既製服では合うものがなかったが、体型にぴったりのシャツを着ている友人がいてオーダーメイドを勧められた。さっそくオーダーシャツをつくってみたところ、ジャストフィットして感動。その経験が大きな転機になった。さらにもう一度、ITビジネスを学ぶため、飛び込みで創業間もないメルカリにインターンとして参加。山田進太郎氏の傍らで貴重な経験を積んだ。

２０１４年2月、自社に戻ると、スーツやシャツをオンラインでオーダーできるインターネットサービス「LaFabric（ラファブリック）」を正式リリースした。

ただ、そう簡単に売上は立たない。初月25万円、２カ月目15万円と超低空飛行。そこで３カ月目にクラウドファンディングを実施することにした。

森氏は海外のベンチャー市場の動向に以前から興味を持っており、「起業で成功するにはまず熱狂的なファンを１００人つくれ」というシリコンバレーの考え方に共感していた。クラウドファンディングをその実験台としたのである。

「ビジネスファッションに革命を！　インターネットでオーダースーツを身近に！」というメッセージを投げかけたところ、３日間で１００人から１８０万円以上が集まった。

ようやく事業は離陸したが、当初のサービスは顧客が自分で採寸して注文する形だった。そのため、受注が増えていく中で「オフィスへ行くから採寸してほしい」という声が増えてきた。試しに注文フォームに「採寸」というボタンを置くと、かなりの確率で押されることが分かった。また、２０１５年秋にＪＲ浜松町の駅前ビルで10日間、ポップアップストアを開いたところ、その期間中はネットで過去最大のコンバージョン率を達成した。

こうした経験から2016年早々、渋谷に1階がショールーム、上階がオフィスという本社を設け、現在の事業モデルが確立した。

アパレル企業ではなくIT企業である

森氏は常々、「自分たちは小売業ではなくIT企業である」と語っている。その言葉どおり、同社の大きな特徴は受注処理や在庫管理、CRMなどEC通販事業に関する様々なシステムを、森氏自身や自社のエンジニアが内製してきたことだ。

「自分たちが本当に欲しいツールがなかったので、自分たちでつくるしかなかったからです。それとともに、自分たちがファッション業界における先駆者になるという思いもあります。ファッション×ITという軸からすれば当然のことです」。

自前主義は物流の取り組みにも表れている。

同社では、発注している縫製工場の9割は国内にあるが、そのまま顧客に直送するのではなく、自社で検品のほか検針、検寸を行う。当初はシェアオフィスで、森氏自身がアルバイトと一緒に検品し、発送していた。

さすがに注文が増えてくると、すべて社内で処理するのは難しい。ただ、外部に任せるにしても自社と同じレベルを維持することが大前提であり、検品等の業務内容を半年くらいかけてルール化。その後、自社が求める業務品質をクリアできる物流会社を探し、現在はそちらにアウトソーシングしている。

ECマーケティングの限界と新たな可能性としての「ナラティブ」

ECマーケティングについても、森氏には持論がある。

「昔からファッションの世界で成功しているブランドは、しっかりしたモノづくりがベースにあります。それがマーケティングにおいても安心感と信頼を生むのです。

それに対して、ECマーケティングはまだ底が浅く、テクニックに流れがちな印象があります。デモグラフィック、ターゲティング、ペルソナなど手法は語り尽くされ、コモディティ化しているのではないでしょうか。例えば、CPAのコストが上昇し、単価が以前の2〜3倍になっているケースも見られます。そこでLTVを増やしてカバーしようといった話になるのですが、そうした事情はユーザー側に感覚的にバレている。接点を増やしたり、リターゲティングしたりしても、顧客が反応しなくなっているのはそのためです。一人ひとりの顧客の心にどう突き刺さるか。心に突き刺されれば、次へつながっていくはずです」。

こうした問題意識から、森氏が注目しているキーワードが「NARRATIVE」だ。毎年、直販・通販事業に携わるトップマーケッター が200名以上集まり、2泊3日で行う『ダイレクトアジェンダ』(主催ナノベーション)というカンファレンスがある。2020年は2月に宮崎で開催され、筆者もパネリストのひとりとして参加したが、全体のテーマである「NARRATIVE-Story from Personal Point of View-」を発案したのが森氏だった。

そこには、事業者側からの押し付けではなく、購買体験を通して一人ひとりのユーザーの心に生まれる物語を大切にしようという考えが込められている。

現在のマーケティングでは様々なデータが簡単に収集・分析できるが、それだけで施策を講じても効果が上がらなくなっている。EC通販においても、一人ひとりの〝個客〟の顔が見え、声が聞こえていなければ始まらない。

「当社では顧客インタビューにはかなり力を入れています。特に新商品や新機能のリリースの際には、経営陣が直接、コミットします。先日は『既製のスーツを買っていてFABRIC TOKYOを知らない人』『FABRIC TOKYO以外でオーダーメイドスーツを買っている人』『FABRIC TOKYOのお客さま』の3グループに分けてインタビューを行い、どこに市場拡大の可能性があるのかを調査しました」。

これからのEC通販と消費の未来について、森氏に聞いてみた。

「OMOがもっと広がるのは間違いありません。ここ2~3年のうちにオンラインショップは支店や店舗の一種に過ぎなくなり、ECという言葉はなくなるでしょう。当社がその先例になります。事業モデルとしては、SaaS (Software as a Service) やMaaS (Mobility as a Service) と同じ意味で、RaaS (Retail as a Service) に興味があります。ファッションでいえば、クローゼットをIoT (Internet of Things) 化し、AIによる日々のコーディネート提案やクリーニングの自動管理ができれば面白いでしょうね」。

テクノロジーを武器にDtoCという新しいアパレルの世界を構築し、社会に大きな影響を与える企業になりたいという「FABRIC TOKYO」。その挑戦はこれからが本番だ。

サイドストーリー

FABRIC TOKYOでナラティブしてみた

筆者が初めて森さんと出会ったのは、『ダイレクトアジェンダ2020』のカウンシルメンバー会議の席だった。ダイレクトマーケッターが一堂に会する大規模イベントのテーマを決める大事な会議だった。

いろいろな意見が出される中で、森さんが「NARRATIVE」が良いのではと提案された。これからのダイレクトマーケティングでは顧客体験、すなわち「ブランドと顧客が紡ぎ出すひとつのストーリー、NARRATIVEが重要になる」という意見だ。

カウンシルメンバー全員一致でテーマはNARRATIVEに決定した。

『ダイレクトアジェンダ2020』では、フェニックス・シーガイア・リゾート宮崎に約250人のトップマーケッターが集結した。2泊3日の日程の中で、様々なディスカッションやキーノートスピーチが繰り広げられていった。議論に共通していたのは、「商品の性能や品質だけで差別化するのは非常に難しくなってきている」ということ。そしてデジタルツールの発達・整備を背景に、「付帯サービスやコミュニケーションが、商品とともにブランドの競争力を決する重要な要素」になってきているということだった。

つまり、「商品＋サービス」でユーザーの体験をつくる時代が来たということである。

森さんの言った「NARRATIVE」というキーワードが正鵠を得ていることが分かった。

アフターコロナの時代には、ほぼすべての事業者がECを加速してくる。そこでは顧客側からのEC通販事業者の選別が始まる。いかに最高の顧客体験を提供し、顧客から選ばれるブランドを構築するかが重要になる。ダイレクトアジェンダでは、顧客体験は「頻度より深度が重要である」と締めくくられた。

筆者はその後、実際にFABRIC TOKYOでナラティブをしてみた（図表50）。

コレド日本橋店を予約し、店に行くと専門のコーディネーターがいて、採寸をしながら、好みのスタイルや体型に関する悩み事を細かくヒアリングしてくれた。

次に、筆者の体型に合ったサンプル・スーツを選び試着。好みに合わせクリップ留めで補正が行われる。だんだん好みのスタイリングに変わっていくところが良い感じだ。最後にディテールの確認。例えば、ボタンの素材を樹脂にするか、貝殻にするか、実物を見ながらセレクトできる。もちろん貝殻の方が高いのだが、色目や質感を見ると明らかに貝殻のほうが高級感がある。「袖のボタンホールの色を1個だけ変えるとおしゃれですよ」といったアドバイスもあり、世界にひとつのカスタムオーダー感が高まっていく。

カウンターでスーツのオーダーをタブレットから入力してもらい、注文完了。正味1時間ほどの顧客体験だった。

その後、1カ月ほどで商品が完成。当初はコレド日本橋店での受け取りだったが、カスタマーサポートからコロナのことを心配し、自宅配送を勧めてくれた。自宅に到着した商品を開梱し、早速、壁にかけて写真撮影、もちろんFacebookにアップした。

予約から店での採寸、接客からメールによるコミュニケーションまで、一貫したサービスレベルで統一され、深度の深い顧客体験を紡ぎ出してくれた。

図表50　FABRIC TOKYOでの採寸風景と完成した商品

case

5 ウィステリア製薬

フッ素など添加物フリーの子ども用ハミガキ粉。独自の商品力と徹底したCRMで継続率97％を実現。

1カ月分6000円以上するハミガキ粉が大ヒット

ハミガキ粉といえば、みなさんどんなイメージがあるだろうか。1本数百円程度、むし歯予防のためにフッ素が配合され、そこに加えて歯周病予防や美白効果などをうたう成分が配合されているといった感じではないだろうか。

そうしたハミガキ粉業界において、オンリーワンのポジションを確立しているのがウィステリア製薬の乳酸菌入りハミガキ粉だ。

この商品は、フッ素など添加物フリーの子ども用として2015年5月、1カ月分60包が6480円（継続購入の場合）、かつEC通販のみで発売を開始した。

「いったい誰が買うんだろう」というのが普通の反応だろうが、発売以来3年で1200万包（20万個）が売れ、その後、大人用ハミガキ粉（6800円）、ペット用サ

case 5

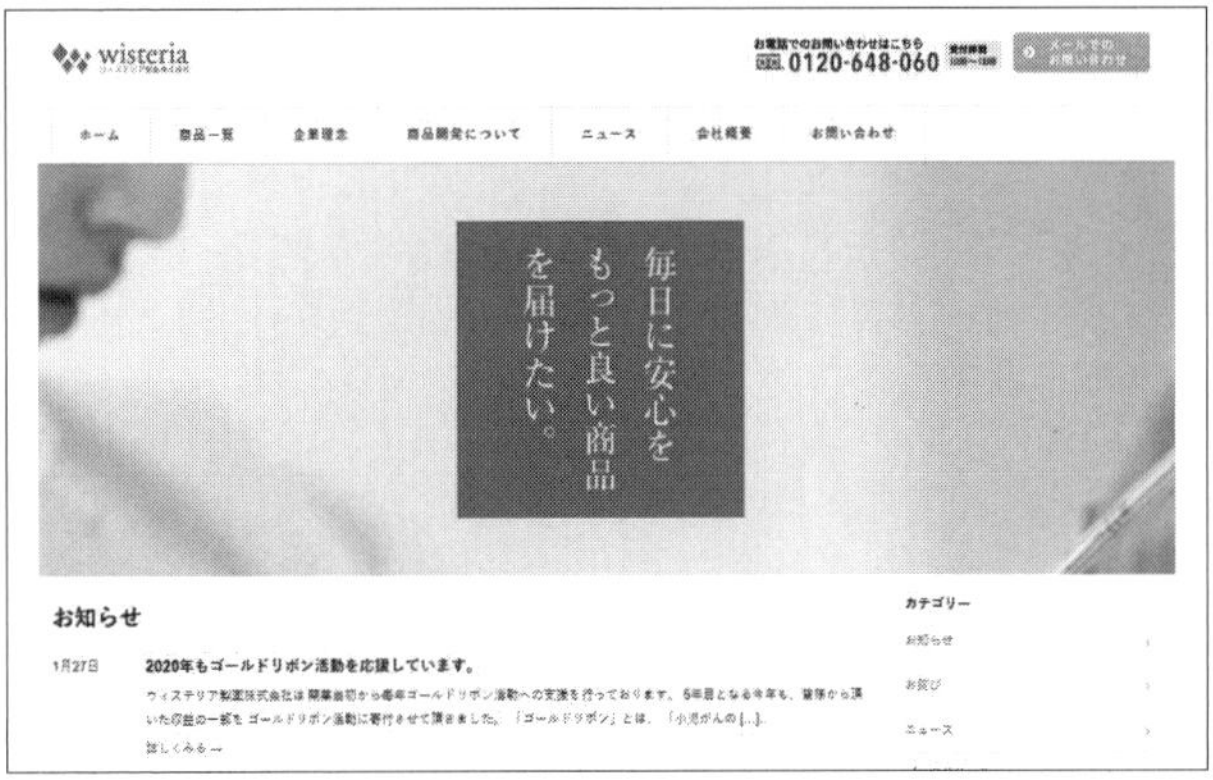

会社概要

社　名　：ウィステリア製薬株式会社

所在地　：東京都中央区日本橋3-1-4 画廊ビル4階

代表者　：代表取締役　齊藤　欽也

設　立　：2015年3月

資本金　：1800万円

事業内容：医薬部外品の販売・化粧品、その他化粧品関連商品の製造及び販売プリメント（5478円）も追加。これまで累計販売数は76万件、80万個に達する。また、驚異的なのはその継続率（リピート率）だ。2015年5月から2020年3月までのデータで96・7％にも達する。

市場を埋め尽くす大手の先行商品がひしめくレッドオーシャンの中、価格優位性にはほど遠く、販売チャネルもEC通販のみというベンチャー企業の新商品がなぜこれほど、圧倒的な支持を受けているのだろうか。

独自の信念を持つ歯科医師が大病をきっかけに起業

ウィステリア製薬は、歯科医師である齊藤欽也氏が2015年に設立した。

齊藤氏は歯科大学を卒業し、3年目に静岡県富士市で開業。従来の歯科の常識を覆した、痛くない、怖くない、予防中心の歯科治療という信念を貫いてきた。

「信念だけでなく、歯科医院としてどうすればオンリーワンになれるのか、いかにして独自性を出すかを常に考え、実践してきました。マーケティングの発想も、医院経営に欠かせないものです。そこから、患者さんの全身状態を診て、口の中以外の健康増進も意識しながら診療を行うというアプローチを確立しました。歯科治療学はもちろん、心理学や整体、東洋医学も勉強しながら、患者さんの声に耳を傾け、真の悩みや不安に寄り添う治療を心がけてきたのです」。

こうして齊藤歯科医院は20年以上、歯科業界では上位5％に入る業績や70％を超える自費診療率を維持し、地元ではなかなかとれない歯科医院として知られる。

また、2004年、齊藤氏は50歳のときに理想の歯科医院をつくるべく、新たに土地を購入し、現在の施設へ規模を拡大した。

「ところが59歳で大動脈解離になったのです。あやうく命を落とすところでしたが、運良く心臓専門病院に運ばれてすぐ手術。なんとか一命をとりとめました。

そのとき、自分がいなくても医院は十分回ることを実感するとともに、私自身の長年の夢である恵まれない子どもたちの自立を支援する事業のための資金づくりに挑戦することを決意したのです」。

こうして齊藤氏は退院前から経営書を読み漁り、退院後は経営セミナーなどに参加。EC通販に着目すると、今度はEC通販を様々な角度から研究し、商品選定と開発、ターゲット層の調査、製造や物流の委託先探しなどを進めた。そして2015年、還暦にしてウィステリア製薬を立ち上げたのである。

立ち上げの過程で、最も大きなポイントは商品選定と開発であった。

「歯科医師としての長年の経験から浮かび上がってきたのが、子どものためのハミガキ粉でした。

乳幼児のむし歯については、3歳までむし歯菌が移らなければ大丈夫といわれています。3歳までは特に母親から移る垂直感染が重要であり、それがある種の〝呪い〟のようになって多くの母親のストレスになっています。

一方、従来の子ども用ハミガキ粉は大人用をアレンジしたものがほとんどで、発泡剤や殺菌剤を配合しています。また、歯のエナメル質を守るためフッ素の配合が一般的です。しかし、こうした成分はすべて吐き出すことが前提で、飲み込むことは想定されていません。どうしても飲み込んでしまう乳幼児への影響を、私は以前から危惧していました」。

そこで齊藤氏が白羽の矢を立てたのが、口内乳酸菌の一種、BLIS（ブリス）菌だ。これはニュージーランドの微生物学者であるジョン・タグ博士（オタゴ大学名誉教授）がむし歯にならない子どもの口の中から発見した乳酸菌の一種で、生まれながらこの菌を持っているのは子どものうちわずか2％にすぎない。

齊藤氏は以前から、同博士の論文でBLIS菌はむし歯や口臭にも効果があることを知っていたのだ。

「ただ、ニュージーランド本国ではのど用のトローチに使われているだけで、ハミガキ粉に応用するのは技術的に難しいと思われました。ジェル状の基剤に入れると死んでしまうからです。

しかし、体に悪影響を及ぼしかねない化学物質を使わず、善玉菌主体のハミガキ粉をつくれば、口をゆすげない乳幼児に安心して使ってもらえます。今までのハミガキ粉とは根本的に異なる、子どものためのハミガキ粉をつくりたいという想いがどんどん高まっていきました」。

約1年の試行錯誤の末、菌が生きたまま利用できる粉末にする方法を開発し、特許を取得。現在の粉末状・個包装タイプの子ども用乳酸菌ハミガキ粉ができた。

最初からターゲット層を綿密に分析しアプローチ

ただ、問題はコストだった。ＢＬＩＳ菌は非常にデリケートで、いまのところニュージーランドでしか培養できない。

そのため1kg40万円ほどの原料費がかかる。それをニュージーランドから、生きた菌のまま瞬間冷凍して空輸。日本で解凍し、他の原料と混ぜて、細かい特殊な顆粒状に加工する。輸送費、加工費、資材費、送料なども加味すると、1カ月分６４８０円はギリギリの設定だったのである。

この価格設定には、製造を打診した多くのＯＥＭメーカーから「コストが高すぎて利益が出ないのでは」と心配され、広告代理店からは「絶対、売れない」と言われた。

しかし、齊藤氏と、現社長で立ち上げから齊藤氏をサポートしてきた横沢卓也氏には十分、勝算があった。

「なぜなら、どんなお客様をターゲットにするか、どんな商品を提供するか、ビジネスコンセプトを策定するために何度もアンケートを繰り返しました。その結果、子育て中のお母さん方が抱えている深い悩みが見えていたからです。

従来の子ども用ハミガキ粉は殺菌剤や発泡剤が入っていて刺激が強く、歯磨きが嫌いになる子どもが少なくありません。歯磨きタイムは親子のスキンシップの良い機会なのに、実際は〝格闘タイム〟になってしまっていました。また、共働きが多い最近のお母さんたちの大きな悩みは時間がないことです。

さらに、子ども用のハミガキ粉に配合されているフッ素や様々な化学物質を心配する人も少なくありません。

こうした悩みや心配を抱えるお母さんたちに、きちんと商品のコンセプトと特徴を伝えれば、きっと支持されるはずだという確信がありました」（齊藤氏）。

実際、プロモーションとしては自社サイトからの情報発信を中心に、検索連動型広告やアフィリエイト広告を利用しただけだったが、発売数カ月後から、ホームページへのアクセス数が急速に伸び、注文もどんどん増えていった。「口コミ」の効果である。

「これも事前のアンケート調査で、購入してくれると思われる人たちの属性がだいたい予想できていました。現在、子育て中のお母さんたちはネット情報へのアクセスが得意で、SNSを日常的に利用しています。

ネット上には子育て世代どうしのネットワークが広がっており、口コミを介した紹介によって売上が伸びることは予め分かっていました。実際、いまもスマホ経由の注文がおよそ8割を占めます」(横沢氏)。

顧客に寄り添い、マスメディアに頼らず、ネット中心の手づくりのコミュニケーションにより信頼関係を築いていくアプローチが、オンリーワンの商品性と相まって圧倒的な支持につながったのだ。

同社ではいまも、顧客の声を聞くことを重視しており、毎月の定期発送では絵本やチェックシートとシール、「はみがき新聞」など様々な同梱物を一緒に入れている。

「はみがき新聞」とは手作り感覚のコミュニケーション媒体で、歯磨きについての様々な情報のほか、子どもたちが自由に絵を描けるスペースを設けた返信ハガキが付いている。

これに毎月、かなりの返信があり、その中から選んだものを「今月のおハガキ大賞」としてまた、新聞に掲載している。

こうした母親だけでなく子どもたちも巻き込んだコミュニケーションの質の高さと密度の濃さが、97％近いリピート率の原動力になっているのだ。

「逆にいうと、しっかりとお客様を選ばなければ、このような本物のマーケティングを展開することは難しいのです。私たちのハミガキ粉は製造コストなどの関係で異例の高額商品であり、高くても良いもの、安全なものに徹底的にこだわっている人にターゲットを絞ってプロモーションを立案しています。私たちはこれを『幸せマーケティング』と呼んでいます」（齊藤氏）。

同社の乳酸菌入り子ども用ハミガキ粉の売れ行き好調ぶりを真似て、似たような商品を販売する事業者がときどき現れるが、いつの間にか消えていくという。

ＢＬＩＳ菌というオンリーワンの商品特性に加え、同じ幸せを共有する「仲間」として顧客とのコミュニケーションを深め、さらにその幸せの輪を広げられるよう情報発信に力を入れる同社に、単なる上っ面を真似るだけでは太刀打ちできないのは当然だ。

EC通販における物流の重要性

ところで、ウィステリア製薬では当初から販売チャネルはEC通販に限定している。ドラッグストアやコンビニはそれこそレッドオーシャンであり、またターゲットとする顧客層の多くはネットの世界にいることが予め分かっていたからだ。

EC通販における物流の重要性も、同社では当初から十分認識していた。しかし、以前は物流で困っていたという。特に同梱物の封入ミスについて、顧客から「あれが入っていなかった」というクレームがあり注意しても、「まあ、そういうこともありますね」という程度の反応だったという。

「こちらはお客様とのコミュニケーションの重要な接点として同梱物を重視していて、何回目にはどれを入れるのか、また入れる際の順番にまでこだわっているのです。ところが、多くの物流会社はそこまでの認識がないようなのです」(横沢氏)。

2社ほど試したものの満足いく結果が得られなかった同社から、紹介を通じて1年ほど前にスクロール360にご相談があった。さっそく筆者は、同社の基本的な考え方からヒアリングさせていただき、業務スキームを組み立てた。

「スクロール360に任せることで、物流の品質はかなり安定してきました。顧客別の様々な同梱物のパターンにも的確に対応してくれ、クレームはなくなりました。さらに、パッケージのデザインについて提案してくれたり、同梱物についてグループインタビューを実施してくれたりしています」(横沢氏)。

コロナショックでペット用が急増、さらなる成長へ

「今回のコロナショックではある程度、新規注文やリピート率が下がるかと思いましたが、むしろ数字は伸びています」と横沢氏は語る。

特に伸びているのがペット用サプリメントだ。ホームステイで在宅時間が長くなり、愛犬の口臭が気になる人が増えているのが理由のようだ。

実はペット用サプリメントの開発も顧客とのコミュニケーションがきっかけだった。ある顧客から、同社の子ども用のハミガキ粉を飼い犬が舐めていたら口臭が消えたという話が寄せられたのだ。そこからペット用の口腔ケアサプリメントが誕生したのである。

「私たちのビジネスモデルは、お客様に本物を提供することを基本としています。大切なことはお客様を絞ることです。我々のような小さな会社が、限られた資源を有効活用し、自分たちのお客様の深いニーズに応えていくためには絶対、必要なことなのです。幸せを

共有できるお客様を探し、その深い悩みや望んでいることをくみ取って、一緒に解決していくのです。

ただ一流だからよい、高級だから選ばれるというのは、モノが優先だった時代の発想に過ぎません。お客様から見た時、大事なのはその会社の商品やサービスがご自分にとって価値あるライフスタイルを提案してくれるのかどうかなのです。

多様な価値観を持つ消費者の中で、自分たちが選んだお客様との間にどのような関係を築くのかが、これからのビジネスの鍵を握っているのだと思います」（齊藤氏）。

ウィステリア製薬には、ＥＣ通販の成功のヒントが詰まっている。

サイドストーリー

ＣＲＭ物流で事業拡大を加速！

第3章でも説明したが、リピート通販のＣＲＭ施策になくてはならないのが同梱物だ。ところが、顧客のステイタス別（新規、継続、定期購入）、購入商品別に同梱物を正確に入れ分けることができる物流会社は少ない。

新規のお試しの顧客に「このたびは定期注文ありがとうございます」の挨拶状を入れて

しまうと大炎上となってしまう。

ウィステリア製薬・横沢社長から物流の相談を受けたのが2019年9月、現倉庫のクオリティが満足できるものではないという。同梱物の入れ忘れや入れ間違いがよくあるとのことだった。

ハミガキ磨き粉のリピート通販というのは初めて聞いた話だったが、商品の説明を聞いて、間違いなく成功すると確信した。
①フッ素などの身体に害のあるものを乳幼児は飲み込んでしまうリスクがある
②むし歯にならない子どもの口の中から発見した乳酸菌「BLIS菌」が入っている
また、現在同梱している印刷物についての評価も依頼され、グループインタビューを行うこととした。

5〜6人のグループを3グループ、インタビュールームで約2時間ずつヒアリングを行った。結果、あまり使われていない同梱物と絶大な人気の同梱物の違いや、「定期解約がどんな時に起こるか?」といった、今後のCRM戦略の方向性を示すインタビュー・レポートができた。

2020年3月にスクロール360物流センターへ移管し、順調に出荷がスタート。これまでに同梱物の入れ違いは発生していない。

グループインタビューの方向性を受けて、オンデマンドプリンターを活用したワン・トゥ・ワンの印刷物企画も進めている。

オンリーワンの子ども用ハミガキ粉に、更に強化されるCRM物流で、ウィステリア製薬の事業拡大は加速されていく。

筆者には1歳6カ月になる孫がいて、子ども用ハミガキ粉を定期注文したことは言うまでもない。

将来のむし歯治療費用のことを考えれば、安いものだと思う。

第7章

アフターコロナの未来予測

1 EC市場の拡大と競争激化

日本のEC化率はまだ6%台

第1章でも見たように、日本のEC市場はこの20年間、一貫して拡大してきており、今回のコロナショックにより、さらにそのスピードが加速している。

そこで気になるのは、今後、どれくらいの規模まで拡大していくのか、そのペースはどれくらいなのか、市場構造や事業者の競争関係、顧客の意識などにどのような変化が起こるのか、といったことだ。

消費者を対象とするBtoC―EC市場の規模についていえば、消費市場のEC化率がひとつの目安となるだろう。

日本では2019年で6・76%（物販分野）である。以下に見るように、中国では少なくとも20%程度はあり、日本の3倍ほどになる。アメリカでも15%ほどで2倍以上だ。日本でもおそらく、同じような水準までEC通販市場の拡大傾向が続くことは間違いない。

日本のEC通販市場の未来と可能性を、まずは中国とアメリカの状況から考えてみよう。

市場規模とEC化率で世界の最先頭をいく中国

経済産業省の2020年7月のレポート（『電子商取引に関する市場調査』）によると、中国国内でのBtoC–EC取引の市場規模は2019年時点で1兆9348億ドル、日本円に換算すると200兆円を超える。米国（5869億ドル）がこれに次ぎ、さらに英国（1419億ドル）、日本（1154億ドル）、韓国（1035億ドル）と続くが、こうして見ると改めて中国のEC通販市場の巨大さが実感される。

また、同レポートによると、中国における2019年のEC化率は36・6％である。しかも、中国では農村部でのEC利用がこれから本格化すると見られており、2023年には63・9％に達するという。ちなみに、これらの数値は米国の市場調査会社eマーケターのデータをもとにしている。

一方、野村総合研究所がアリババグループの天猫イノベーションセンターと共同で作成した『中国EC市場白書2019』によれば、中国の消費市場に占めるEC市場のシェアは、2016年に12・6％だったものが、2017年に15・0％、2018年には18・4％になったという。

図表51　中国小売業ランキング（2018年）

順位	企業名	販売額（億元）	対前年比
1	天猫	24,520	21％
2	京東	16,769	30％
3	拼多多	4,716	—
4	蘇寧易購集団	3,368	38％
5	大商集団	3,003	7％
6	国美電器	1,382	△28％
7	華潤万家	1,013	△2％
8	康成投資（中国）（大潤発）	959	1％
9	唯品会	845	16％
10	ウォルマート（中国）投資	805	0％

出所：中国商業聯合会などの発表をもとにジェトロ作成

ベースとなるデータが異なるようなので一概にはいえないが、中国のEC通販市場はすでに世界全体の半分以上を占めるとともに、中国国内の消費市場の少なくとも20％程度を占めていると見ていいだろう。

しかも、その勢いはまだ衰えておらず、60％はともかく30％程度までいってもおかしくない。

ちなみに、中国国内の小売業の取引高ランキングでは、2018年時点で上位3社は天猫（T-Mall）、京東、拼多多（Pinduoduo）とすべてEC事業者が占めている（図表51）。

アマゾンとウォルマートの真っ向勝負が続くアメリカ

同じく経済産業省のレポートによると、アメリカのEC化率は現在、14・5％だ。ちなみに、2019年のNRF（全米小売業協会）による全米小売業ランキングは図表52のとおりである。

注目は2位に入っているアマゾンだ。同社は2017年7位、2018年3位、そして2019年2位と着実に順位を上げてきた。1位のウォルマートとはまだ差があるが、アメリカの小売業界に「アマゾン・エフェクト」と呼ばれる旋風を巻き起こしている。アマゾンは2017年にスーパーマーケット大手のホールフーズを買収し、ネットからリアルへの展開でも注目されている。

ウォルマートもこれに対抗し、年々EC部門を強化中だ。自社の強みである全米最大規模の実店舗網とのオムニチャネル化などを進め、いまでは全米のEC市場でアマゾン、イーベイにつぐ3番手にまで浮上している。

このようにアメリカではアマゾンとウォルマートの真っ向勝負が目立つが、他にもD to Cの事業モデルを引っ提げて、ペットフードのChewy、歯科用品のSmile Direct Club、アパレルのStich Fixなどの新興勢力が続々と参入し、消費者の支持を得ていることを見

図表52　全米小売業ランキング(2019年)

順位	企業名	販売額(億ドル)	対前年比
1	ウォルマート	3,876.6	3.4%
2	アマゾン	1,209.3	17.5%
3	クローガー	1,197.0	3.3%
4	コストコ	1,014.3	9.0%
5	ウォルグリーン・ブーツ・アライアンス	983.9	18.9%
6	ザ・ホームデポ	972.7	5.8%
7	CVSヘルスコーポレーション	837.9	5.3%
8	ターゲット	744.8	3.6%
9	ロウズ	640.9	1.5%
10	アルバートソンズ	5978.1	0.1%

出所:NRF(全米小売業協会)

過ごすことはできない。

なお、アメリカの小売業界では消費者のEC通販シフトによって、2017年にトイザラス（玩具）、2018年にシアーズ（総合小売）、2019年にバーニーズ・ニューヨークとJクルー（衣料品）がそれぞれ経営破綻している。

さらに2020年に入ると、新型コロナの影響が加わり、ブルックス・ブラザース（衣料品）、またニーマン・マーカスとJCペニー（百貨店）も経営破綻に追い込まれている。アメリカのこうした動向は、今後の日本の小売業の行方を考える上で大きな示唆を与えていると思われる。

日本も市場の拡大と競争激化へ

日本では小売業の売上トップ10は図表53のとおりでEC通販事業者は入っていない。イオンやセブン&アイなどの総合小売業、三越伊勢丹をはじめ百貨店のほか、パンパシフィックHD（ドン・キホーテ）、ファーストリテイリング、ヤマダ電機、ビックカメラ、ツルハHDなど専門小売業が並んでいるのが特徴だ。

ただし、EC通販の売上高ランキングを合わせてみると、アマゾンジャパンが約1兆8000億円で、小売業の中では第4位に相当する（図表54）。

日本はアメリカと同じように、アマゾンと既存の小売大手が競い合う状況といえるだろう。アマゾンは最近、都市部を中心に生鮮食料品の販売（「Amazonフレッシュ」）に乗り出しており、一方の小売各社もオムニチャネル戦略などでEC対応を積極的に進めている。今後、双方がリアルとバーチャル（ネット）の両面で競い合っていくことになるだろう。

日本のEC通販市場の今後を考えた場合、もうひとつ注目されるのはアマゾン、楽天、ヤフーというプラットフォーマー同士の競争だ。ECモール・カート・アプリの年間流通総額のランキングでは、楽天とアマゾンの2つが他社を圧倒しており、ヤフーがこれを追撃する構造がうかがえる。

図表53　日本の小売業ランキング(2019年)

順位	企業名	販売額	対前年比
1	イオン	8兆5182億円	1.5%
2	セブン&アイ・ホールディングス	6兆7912億円	12.4%
3	ファーストリテイリング	2兆1300億円	14.4%
4	ヤマダ電機	1兆6005億円	1.7%
5	パン・パシフィック・インターナショナルホールディングス	1兆3288億円	41.1%
6	三越伊勢丹ホールディングス	1兆1968億円	△4.7%
7	エイチ・ツー・オーリテイリング	9268億円	0.5%
8	髙島屋	9128億円	0.6%
9	ビックカメラ	8440億円	5.9%
10	ツルハホールディングス	7824億円	16.2%

図表54　日本のネット通販ランキング(2019年度)

順位	社名	ネットショップ名	売上高	対前年比
1	アマゾン(日本事業)	Amazon.co.jp	1兆7613億円	15.7%
2	アスクル	アスクル／LOHACO	*3600億円	—
3	MonotaRO	モノタロウ	1265億円	20.1%
4	大塚商会	たのめーる	*1249億円	0.5%
5	ヨドバシカメラ	ヨドバシカメラドットコム	*1220億円	—
6	資生堂	ワタシプラス	*1200億円	—
7	ミスミグループ本社	MiSUMi-VONA	*1132億円	△6.0%
8	ビックカメラ	ビックカメラドットコム	1081億円	25.0%
9	楽天(直販事業)	爽快ドラッグ／ケンコーコム	*1000億円	—
10	ユニクロ	ユニクロオンラインストア	832億円	32.0%

出所：日本ネット新聞(＊は推定)

ここにいま、新たな動きが加わっている。それは、携帯キャリアがＥＣモールとの関係強化を強めていることだ。

もともとYahoo!ショッピングやPayPayモールはソフトバンクグループの傘下であり、ａｕはau PAYマーケットを運営しており、楽天は第4の携帯キャリアになった。ここに２０１９年11月、ドコモがアマゾンとの提携を発表したのである。

スマホの保有率が頭打ちになってきたいま、キャリア各社が重視しているのは契約者の囲い込みと利用額の引き上げである。そのためには決済サービスが鍵を握っており、ポイント制度の充実とともにＥＣモールとの連携に力を入れているのだ。

この動きが今後、どのように展開していくのかは分からないが、ＥＣ通販市場に大きな影響を与えることは間違いない。

2 EC通販を支えるインフラとデバイスの進化

EC通販全盛の下地がつくられた2010年代

中国、アメリカ、日本のEC通販市場を俯瞰したうえで、今後10年でどのような変化が起こっていくのだろうか。これまでの総合通販からEC通販への進化を振り返れば、インフラとデバイスの進化がそれを支えてきたといえる。

筆者がいまから39年前、通販業界に身を投じた時のインフラとデバイスの状況といえば、パソコンもインターネットもなく、携帯電話は車載電話機が生まれたばかりだった。物流インフラもようやく宅配便が普及し出した頃で、それまでは郵便小包でしか商品を発送できなかった。

通信販売そのものも小売市場ではマイナーなビジネスで、「背が高く見える靴」とか「ぶらさがり健康機」といった怪しげな商品が販売されていた。当時はまだ、今のEC通販全盛の時代など想像すらできなかった。

それから20年、2000年代に入ったあたりから急激な変化が起きた。

2008年にはFacebookとTwitterが日本に上陸、同じ年にiPhoneも日本で発売された。2010年、インターネット普及率は78・2%に達した。ただし、通信システムはまだ3Gであり、通話やメールはできるがホームページの閲覧にはかなりの時間がかかった。動画をサクサク見るためには2015年の4G登場まで待たねばならない。

EC通販もパソコン中心で楽天市場が急拡大していった時期だ。2000年に上陸したアマゾンも着実に売上を伸ばし、2009年には当日配送サービスを開始した。通信と物流のインフラが充実し、スマホというデバイスも登場し、現在のEC通販全盛の下地がつくられたのが2010年代ということになる。

2020年代の変化の鍵を握るインフラとデバイス

次の2020年代、EC通販市場の変化を予測するうえで、インフラとデバイスのうち大きな鍵となりそうなものを6つ指摘しておきたい。

①5G（第5世代移動通信システム）

2020年から実用化が始まった次世代の移動通信システムである。これまでの4Gとくらべ「高速・大容量」「低遅延」「多数端末との接続」という特徴を持っている。

「高速・大容量」という点では、2時間の映画をダウンロードするのに4Gで30秒かかったものが、5Gではわずか3秒で完了する。

「低遅延」では、データが送信されてから受信するまでの速度が1ミリ秒（1／1000秒）まで短縮される。4Gでは10ミリ秒だったので、10倍の速さだ。これにより自動運転や遠隔治療といった遅延の許されない現場での活用が可能となる。

「多数端末との接続」では1㎞四方で100万台の機器と同時接続できるようになる。パソコン、スマホだけでなく家電や車といったものがインターネットと繋がるようになる。IoT（＝Internet of Things）時代の本格的な始まりとなっていく。

②IoT（Internet of Things）

様々な「モノ（物）」がインターネットに接続され情報交換することで相互に制御する仕組みだ。これまでインターネットには接続されなかったテレビや冷蔵庫、エアコン、自動車などがインターネットの接続によりデータ連携が可能となる。

インターネットと接続など考えられなかった時計は、アップル社のアップルウォッチとなり、iPhoneと連携し、歩数や血圧等のデータを記録できるようになっている。

③みちびき（準天頂衛星システム）

現在のGPSで地図を見ていると、誤差が出ている経験をお持ちの人は多いと思う。道の東側にいるのに、スマホの地図では西側にいるといった誤差だ。

現在のGPS衛星では都市部や山間部、障害物により、電波が遮断されてサービスの精度が落ちてしまうことがあるからだ。

それに対して「みちびき」は、常に衛星の電波が受け取れるように、日本の上空を8の字を描いて動く軌道を持たせている。現在は4機の体制だが、2023年には7機体制で運用されることが閣議決定されている。

これによりこれまでのGPSで数メートルだった位置測定の精度を数センチにできるという特徴を持っている。田植え機の自動運転も可能な精度で、ドローン配達や自動運転車への応用が期待される。

④ＲＦＩＤ（Radio Frequency Identifier）タグ

ユニクロのセルフレジを使って驚いた人もいると思う。ボックスに入れた瞬間に商品の点数と価格が表示されるところに、このＲＦＩＤタグが使われている。

電波を発するタグが商品1点1点に付いていて、この電波をリーダーが読み取って、一瞬で点数と金額を表示するのだ。

現在は1枚当たりのコストが高く、一部アパレル企業以外には導入されていないが、印刷技術の向上で低単価のＲＦＩＤを増産できるという報道もあり、普及が期待されている。

また、水と金属を透過しては読み取れないという弱点があるが、技術革新で克服されれば、スーパーの買い物のレジ通過が一瞬で終わるようになる。

⑤顔認証技術

２０１９年10月、ＮＥＣは米国国立標準技術研究所が実施した最新の顔認証技術のベンチマークテストにおいて１２００万人分の静止画の認証エラー率０・５％という、他社を大きく引き離す第1位の性能評価を獲得したと発表した。

この技術は郵便物の自動仕分けのために開発された「画像認識技術」の進化により獲得された技術で、なんと１９６１年から郵便物の住所を読み取ることにチャレンジしてきたものだ。現在は1時間あたり4万～5万通の郵便物を読み取り配達局別に仕分ける能力を持っている。実は集荷局で手書き住所を読み取る時に、読み取った情報を透明なバーコード（ステルス・バーコード）で印刷しており、配達局で担当者別や配達順に仕分ける時には、この透明なバーコードで仕分けているのだ。

世界一のNECの顔認証技術とキャッシュレス決済システムを組み合わせれば、レジ通過のみで決済完了も可能となる。

⑥AI（Artificial Intelligence）

AIは人工知能のことであり、音声を認識して答えたり、打ち込んだ数文字から推測して単語を表示するようなところで活用されている。

「Amazon Echo」や「Google Home」といったスマート・スピーカーにもAIが活用されており、「今日の天気は？」とか、「Jポップを流して」と話しかければ適切に答えてくれる。

3　2030年のEC通販と生活風景

前項で取り上げたようなインフラとデバイスで、EC通販のあり方は今後さらに大きな変化を遂げるだろう。その一部はすでに、米国や中国で現実のものになっている。

ここでは10年後のEC通販のあり方と日常の生活風景を、20代の女性会社員である〝未来（ミク）〟と一緒に歩いてみよう。

7月12日（金）

いまや印刷技術の進化で、ほとんどの店舗に並ぶ商品にはRFIDタグが付いている。そのため、スーパーでの買い物はマイバッグに買いたいものを入れてレジ（ゲート）を通過すると、自動的に計算され、代金は顔認証により決済が終了する。事前に指定の決済方法を選ぶこともできる。

帰って家の冷蔵庫に買ってきたものを入れるとRFIDタグを冷蔵庫が読み取り、冷蔵庫に入っているもののリストがドアのモニターに表示される。賞味期限の近づいたものは赤信号が点滅している。

食品宅配のECサイトに登録すれば、自動的に冷蔵庫内の在庫が計算され、食品がなくなる直前に配達される。来月からミクはこのサイトに登録しようと思っている。

運んでくるのはドローンだ。ベランダに設置してある冷蔵ボックスはドローンから発信される電波キーを受け取ると、自動的にドアが開き、ドローンは冷蔵ボックスに商品を置き、帰っていく。「みちびき」のGPSを使っているため、正確に配達してくれる。

配達が終わるとミクのスマホに配達完了のメッセージが流れてくる。

8月25日（日）

今日は彼氏とデートの日だ。街へ行くのはデートと食事の時くらいになっており、買い物はほとんどEC通販で済ませている。

街を歩くと顔認証によるデジタルサイネージが、自分の好みのファッションや映画をレコメンドしてくる。気に入ったものにスマートウォッチをかざすと、購入サイトが表示される。途中でミクの好みのワンピースがあったので注文をしておいた。「これ注文しておいて」と頼めばAIが注文するようになっている。

予約しておいたレストランに着くと、事前に指定しておいた窓側の席に案内された。ウェイトレス型ロボットだ。

オーダーはすでに済んでいる。このレストランのシェフの食材に対するこだわりや、調理方法を学習したチャットボット・シェフと音声で会話し、彼氏が喜ぶ料理を提案してもらった。

9月9日（月）

スマートウォッチから注文したワンピースは、事前に登録してあるミクの体型からパターンが起こされ、ベトナムで生産される仕組みになっている。究極のDtoCだ。受発注なので在庫は残らない。中間の小売が省略されているため、オーダーメイドなのだが、価格はリーズナブルだ。数十万人の愛用者がいて、毎日、完成した商品が飛行機便で日本に届く。

輸入された商品は一旦、物流センターに納品される。配送センターは無人で、仕分け用のレールにハンガーが吊るされる仕組みになっている。入荷検収ゾーンでＲＦＩＤタグを読み取り、仕分け機で方面別に仕分けられる。無人の倉庫の中を吊るされたワンピースが揺れながら動いていくのはゴースト・ハウスのようだ。レールの終点は配送トラックの中の移動用レールだ。積み込みが終わると、無人トラックは各地の配送センターに向かって走っていく。配送センターからの配達はドローン配送か無人トラック配送からのコンビニ受取を選べる。

コンビニには宅配ボックスゾーンが併設されており、そこで受け取るのが一般的だ。無人トラック配送ではコンビニに到着するとボックスが開き、コンビニの店員が宅配ボックスに1つ1つの商品を入れていく。縦長のハンガー専用ボックスもあり、ミクのワンピースはそこにつるされた。

RFIDを読み込んだボックスから到着メールが配信される。ミクにも到着メールが届き、コンビニのボックスにスマートウォッチをかざすと、商品の入ったボックスのドアが開くので、取り出して家に帰る。

9月10日（火）

ミクのクローゼットにはRFIDタグを読み取るリーダーが付いている。新たに読み取られたワンピースの画像データは、WEBサイトからダウンロードされ、ファッションリストに加えられた。クローゼットに設置されたモニターには服種別に手持ち商品の画像データが分類、保管されている。

AIが搭載されたモニターは、毎朝、ミクにコーディネート案を2～3提案してくれる。ラフなスタイリングで良い日と、来客があってフォーマルな方がいい日をミクのスケジュールから算出して提案してくれる。当日の天気や気温も加味された提案となっている。コーディネートが決定すると、その服が掛けてあるところにスポットライトが当たるので、あちこち探す時間と手間が掛からない。

会社は出勤が週2日、残りはテレワークとなっている。以前は全てテレワークでやっていたが、コミュニケーションとモチベーションのためには、出社は必要ということになった。テレワークの日の会議は3D会議に進化していて、バーチャル会議室に参加者が全身画像で集合するようになっている。以前のようにボトムスはパジャマというのは許されなくなった。

着用した洋服は、専用のボックスに入れてベランダに出しておけば、クリーニング屋のドローンが集荷し、洗って戻してくれる。

手持ちの洋服のほかには、サブスクリプションのファッションサイトから、毎月、高級ブランドの小物が送られてくる。それを送り返すと次の商品が届くというシステムだ。特に高価なブランドバッグは毎月、ミクの好みのものが送られてくるので、非常に重宝している。

EC通販のインフラとデバイスは、こうした日常が絵空事ではないほど、いまも急速な進化を続けている。

プライバシーや法規制の問題も同時に解決していかなければならないが、快適で個性豊かな生活が送れる「ＥＣの未来」に期待したい。

おわりに

アフターコロナで流通小売業の景色は一変した。大手アパレル企業の倒産が続き、百貨店の大幅減収、減益が発表された。一方、ＥＣ通販や宅配の生活協同組合は絶好調で、巣籠もり消費といった言葉が喧伝されている。

「一番強い企業が生き残るのではない。環境に適合した企業が生き残るのだ」

第1章でも述べたが、アフターコロナという環境変化に、いかに素早く適合していくかが重要となっている。

筆者たちが思うのは、これまで緩やかに進んでいたＤＸ（Digital Transformation）が、コロナをきっかけに加速してきたということだ。

以前よりＤＸを積極的に推進してきた企業は店舗の売上減をＥＣ通販で挽回できたが、ＤＸに無関心だった店舗は大打撃を受けている。

筆者は40年前に総合通販のムトウ（現スクロール）に入社し、総合通販の全盛期から衰退に至る栄枯盛衰を体験してきた。１９８０年代に大躍進した総合通販企業は、２０００年代のＥＣの勃興とともに、衰退していった。本業のカタログ販売から、ＥＣ通販への根本的な変革ができなかったからだ。

ムトウ（現スクロール）も同様に７６０億円あった売上が５００億円まで減少し、大規模なリストラを行わざるを得なかった。そして、ＥＣ通販の勃興という環境変化に対応するため、次々と事業構造の変革を行ってきた。

２００９年にＤＸを推進することを内外に示すためにスクロールに社名変更し、Ｍ＆Ａとソリューション事業強化を進めてきた。

ソリューション事業では、もともと持っていた物流センター、コンタクトセンター、決済システムというインフラを活用し、他のＥＣ通販事業者のアウトソーシングを積極的に受託してきた。もともと通販の業務知識を持ち合わせていたので、ＥＣ通販事業者からは「正確で丁寧」と良い評価をいただき、紹介が広がっていった。

現在、物流では１００社、コンタクトセンターでは30社、決済の後払いに至っては３万社超の受託実績を誇っている。

自前の通販システムを持ち、これまた自前の物流センター、コンタクトセンターと後払い決済会社（キャッチボール）で、シームレスなソリューションを展開している日本唯一の企業となった。

本文でも述べたが、ＥＣ通販というビジネスは商品企画、コンテンツ制作、受注、物流、決済と業務領域が多岐に渡り、それぞれに専門性が求められる。参入するのは比較的簡単そうに見えるが、継続的に成長していくハードルは極めて高い。

アフターコロナでデジタル化を推進するうえでは、すべてを一から構築するよりも最重要な業務以外は専門のアウトソーサーに任せることをお勧めする。

第6章で紹介したナチュラムとＡＸＥＳでは、「商品企画」「販売戦略」「プロモーション」というコアな業務に自社の人的リソースを集中し、あとはアウトソーシングすることで成功を収めている。

２０１８年、株式会社もしもがグループ入りしたことにより、ＥＣのコンサルティングからプロモーション代行まで行えるようになった。ＤＸ化の戦略設計も行っている。

本書の第3章では、株式会社もしもの佐藤取締役に執筆を担当してもらった。ＥＣプロモーションのプロフェッショナルだ。

自社内だけでＤＸ戦略を組み立てるより、ＥＣ通販業界の動向を熟知した企業の知見を活用するほうが、成功の近道といえる。

アフターコロナ時代をどう生き抜くか、ますます進むＤＸの波をどう乗り切るか、本書がひとつのヒントとなってくれることを願っている。

著者紹介

高山隆司（たかやま りゅうじ）

株式会社スクロール360 常務取締役

1981年 スクロール（旧社名ムトウ）入社以来、39年にわたり通販の実戦を経験。2008年 他社のネット通販企業をサポートするスクロール360の設立に参画、以後、200社を超えるネット通販企業の立ち上げから物流受託を総括。
2013年「後払い.com」を運営するキャッチボール社のM&Aを統括。2015年「ネット通販は物流が決め手！」（ダイヤモンド社）を出版。2016年 グループ会社「豆腐の盛田屋」の中国進出をサポート、販売チャネルと物流インフラ構築プロジェクトに参画。2017年 中国の中信出版社より「ネット通販は物流が決め手！」の中国語翻訳版が、中国にて出版。2018年 ミネルヴァHDSをスクロール・グループの子会社化に参画。ミネルヴァ HDS子会社だった成都インハナ有限公司董事に就任。

佐藤俊幸（さとう としゆき）

株式会社もしも 取締役 マーケティング事業本部長

2007年 もしも入社後、ネットショップ運営コンサルタントとして、全国の300以上のネットショップに対して集客を中心に支援。2014年よりアフィリエイト広告を中心としたマーケティング事業を統括。2018年に、もしもはスクロールグループに入り、以後、グループ一体となって通販支援に従事。

EC通販で勝つBPO活用術

最強のバックヤードが最高の顧客体験を生み出す

2020年10月20日　第1刷発行

著　者 ―――――― 高山隆司　佐藤俊幸
発行所 ―――――― ダイヤモンド社
〒150-8409　東京都渋谷区神宮前6-12-17
https://www.diamond.co.jp
電話／03-5778-7235（編集）　03-5778-7240（販売）
執筆協力 ―――――― 古井一匡
装丁・本文デザイン ― クニメディア株式会社
製作・進行 ―――――― ダイヤモンド・グラフィック社
印刷 ―――――― 堀内印刷所（本文）・新藤慶昌堂（カバー）
製本 ―――――― 加藤製本
編集担当 ―――――― 中鉢比呂也

ISBN 978-4-478-11202-1